AF340613

Inter et omnigenas Urbs Londina pulchrior extat,
Æmula sitque licet Parisiana, minùs.

TABLEAU PROBLEMATIQUE
DE LONDRES ET DE PARIS,
MIS EN PARALLELE;
CONSISTANT EN
QUATRE DISSERTATIONS,

Dans lesquelles l'Auteur, après avoir parcouru jusqu'aux plus minutieux détails qui peuvent, ou plus ou moins, militer en faveur de ces deux illustres Capitales, en vient à autant de conclusions définitives.

Outre une quantité de Notes, et d'Anecdotes des plus curieuses, et des plus intéressantes, l'Auteur y a ajoûté une PREFACE très-détaillée roulant, en partie, sur certaines particularités qui le regardent en propre, mais surtout, sur-les faits les plus tragiques qui eurent lieu dans Paris, dès le principe de la révolution, dont le dit Auteur a été témoin oculaire ;

OUVRAGE

Dédié au BEAU SEXE, d'Angleterre, dans la Personne de Très-Noble, et Très-Honorée Dame, Madame LONG TILNEY, &c.

A LONDRES,

De l'Imprimerie de D. N. SHURY, Berwick-street, Soho.

Janvier, 1812.

A TRES-NOBLE, ET TRES-HONOREE DAME,
MADAME LONG TILNEY, &c.

MADAME,

LE juste Hommage, l'Hommage de préférence que l'Auteur, dans sa dernière Dissertation rend au BEAU SEXE d'Angleterre sur celui de France, dans leurs Capitales respectives, étant de nature à fixer votre attention, et, s'il ose le dire, en lui méritant l'estime des personnes qui pensent comme lui, de nature à détruire les préjugés de celles qui sont d'une opinion contraire, sous quels auspices plus gracieux, Madame, que sous les Vôtres (car la manière obligeante avec laquelle vous voulutes bien, l'année dernière, en agir envers le dit Auteur, l'assure que vous daignerez accueillir sa Dédicace,) oui, sous quels auspices plus gracieux, et surtout, dans quelles conjonctures plus favorables, pourroit paroître sa petite Production de l'année 1812, que dans celles où vous allez devenir *doublement mère*, et à la suite, ainsi qu'il l'espère, et le désire, L'AYEUL IDOLATRÉE d'une nombreuse génération, surtout que la Dissertation dont s'agit est bien moins une Dissertation qu'un juste Tribut que l'Auteur doit aux éminentes qualités du corps et de l'esprit, comme au caractère loyal, et des mieux prononcés du BEAU SEXE d'Angleterre, en général, et conséquemment aux Vôtres en particulier, Madame, comme aux perfections peu communes d'une Fille accomplie, le digne Objet de vos plus tendres affections.

Non, Madame, cette tendresse maternelle envers ce que vous avez de plus cher au monde, ne s'est jamais mieux manifestée que dans la circonstance actuelle, circonstance où mettant de côté l'ambition, l'intérêt, et toute autre espèce de considération humaine, vous lui donnez un Epoux de votre Choix, Choix digne d'Elle, et Choix parfaitement conforme à ses désirs, comme à ses inclination.

Aussi, pour prix d'un désintéressement aussi louable, puisse, au plutôt, le Dieu de l'Hymenée couronner d'aussi beaux Noeuds de ses dons les plus désirables !!! puisse le Ciel y ajoûter un torrent de bénédictions, et combler les Vœux des deux Familles, en vous faisant revivre dans vos petits enfans qui, issus d'un COUPLE aussi bien assorti, feront d'abord l'objet de vos plus chères délices, et plus tard, le bonheur, et la consolation d'une vieillesse que, par tant de titres, vous avez, si amplement, méritée

aux yeux de l'Eternel, celui, qui, seul, a le pouvoir de
nous en accorder la grace et la faveur.

Tels sont les Voeux,

Madame,

Du plus humble, comme du plus obéissant
de vos serviteurs,

Le Chanoine Humblet.

A S. A. R. Mgr. le DUC d'YORK, &c. &c. &c.

Au jour Anniversaire de sa Naissance, le 16 Aoust 1811,
sur son heureux retour au Commandement Général.

Oui, GRAND PRINCE, en ce jour trois fois délicieux,
Jour cher à tes Guerriers, cher aux Tiens, à moi-même,
Sur ton heureux retour à ton Emploi Suprème,
Si j'ose T'adresser et ma joie, et mes voeux,
Ainsi que dans Tournai (mais ô triste revers !....)
GRAND PRINCE, avec bonté, daigne accueiller mes Vers*
De JOHN BULL, du Dieu Mars, empruntant le langage,
Ces Vers sont du respect le plus sincère gage.

Le Chanoine Humblet.

A S. A. R. Mad. la DUCHESSE d'YORK,
&c. &c. &c.

Oui, ton humanité, ta tendre bienfaisance,
Du Ciel, sur ton état, ont sû fixer les yeux,
Et, pour prix de ta longue et rare patience,
Peut-être, aussi, sensible à l'ardeur de nos vœux,
Il T'accorde, à la fin, le trésor désiré
D'une santé parfaite, et d'un fond de gaîté ;
Puisse sa main divine à ces dons précieux,
Pour surcroît de faveur, pour surcroît de largesse,
Ajoûter le bonheur d'une longue vieillesse !!!
Celui de voir la Prusse, et son *Titus* enfin,
Jouir, de ton vivant, d'un plus heureux destin !!!
Tels, tels sont les souhaits que forment, avec moi,
Tant d'êtres malheureux pour les Tiens, et pour Toi.

Le Chanoine Humblet.

---

* Ledit Chanoine, à Tournai, eut l'honneur d'être admis à la
table de S. A. R. avec tout son Etat-Major, et LL. AA. RR. les
Prince ERNEST, et W. de GLOUCESTER, et d'être assis à
leurs Côtés ; Monseigneur le DUC d'YORK daignant, de sa
propre main, remplir sa coupe, à chaque Santé qu'on y portoit,
ce qui revenant un peu souvent, finit, comme on peut croire,
par *égayer* le Chanoine, qui, dans son émigration, avoit perdu de
vûe pareilles *Séances*, de manière à laisser, *au fond* d'une coupe
si peu proportionnée à *sa tête* de ce tems-là, *un petit brin* de sa
raison.

A sa Grace, Mgr. le DUC de DEVONSHIRE,
MARQUIS de HARTINGTON, &c. &c. &c.

EPÎTRE,

Ayant rapport à ce qui a dernièrement paru dans les feuilles publiques que nombre de BEAUTES toutes plus piquantes, et plus méritantes les unes que les autres, se disputoient l'honneur de le posséder.

O Toi, digne Hèritier des vertus d'une mère
Dont la cendre à mon cœur, à jamais, sera chère,
Héritier des vertus d'un père bienfaisant,
Sensible, affable, doux, pieux, compatissant,
Qui fut de ses amis l'ami le plus sincère*,
DEVONSHIRE, en ce jour, où ma raison me dit
Que c'est assez pleuré, qu'il faut sécher ses larmes,
Souffrè qu'à ma raison, je rende ici les armes,
Que cédant au devoir que sa voix me préscrit,
Plein de reconnoissance, et plein de ton image,
Qui, sans cesse, à mes yeux vient s'offrir trait pour trait,
Je rende à ces vertus mon plus sincère hommage.

Oui, s'il m'étoit permis de former un souhait,
Ce seroit, sous les nœuds du Dieu de l'Hymenée,
Et dès les premiers mois de cette même année,
De Te voir des Epoux l'Epoux le plus heureux,
L'Epoux le plus chéri d'une Epouse chérie,
Qui, par-tout, prévenant tes désirs, et tes vœux,
Attachât son bonheur au bonheur de ta vie,
Qui réunît en Elle esprit, graces, talens,
Ta tendre humanité, tes nobles sentimens,
Ta bonté, ta douceur, ta rare modestie,
Mais, au dessus de tout, et pour conclurre enfin,
Un cœur neuf, et sensible, et ressemblant au Tien !!!

Le Chanoine Humblet.

LES SOUHAITS

D'une heureuse Année, une santé, à toute épreuve, des jours paisibles, et de longue durée, avec l'entier accomplissement de tous leurs désirs, ce sont les Vœux les plus ardens du Chanoine Humblet pour les Hauts Personnages, et autres Personnes des deux Sexes qui veulent bien l'honorer de leur gracieuse Souscription, laquelle, à l'exception de S. E. Monseigneur le Duc de l'Infantado, de Lady Long Tilney, de Madame la Ctesse d'Essex, du Gen. Turner, Col. Brown, M'Mahon, et peu d'autres, est la même que l'année précédente; le dit Chanoine regrette bien sincèrement que l'étendue de la matière le prive, cette année, de la satisfaction d'en donner, comme de coutume, la liste, à la fin de l'Ouvrage.

---

* L'on doit se rappeller ici combien noblement en agit SA GRACE à l'égard de Mr. FOX, dans la maladie qui l'a enlevé de ce monde.

PREFACE.

Quantite' de personnes de tout rang, et de toute condition, instruites du long séjour qu'avoit fait l'Auteur à Paris, aux trois différentes époques, auxquelles il s'y étoit rendu, en premier lieu, aux fins d'y obtenir, à la Chancellerie du Roi, *des Lettres d'attache* sur ses Bulles, obtenues à Rome quelque tems auparavant, et qui ne le mettoient en possession de son Bénéfice qu'autant qu'elles auroient, au préalable, été enregîtrées au Parlement de Flandres, d'où il ressortissoit (aucune décision, aucun document du Pape ne pouvant être admis en France, sans cette formalité indispensable,) ce qui eut lieu en bien peu de jours, à l'aide des bons offices d'un ami du dit Auteur, attaché à la maison de la Reine, et l'un des premiers sujets de la Chapelle Royale, sous la contre-signature du Prince de Montbarret. En second lieu, pour un objet de représentation dont il fut chargé, de la part de son chapître, vers le Roi, et son Conseil, dans le tems des Assemblées des Etats Généraux à Versailles; et enfin pour la troisième, et dernière fois dans une mission particulière, en matière derestitution, ou de recouvrement d'une somme d'environ dix mille livres, dont s'étoient emparés, mal à propos, et contre toute justice, le département de Mezières, et le districtde Rocroy, vers la fameuse et trop indigne Convention qui venoit, tout ainsi, de succéder à l'Assemblée Nationale, en pleine séance, si je tiens bien, dans l'année 1791, à celle de 1792, dans laquelle mission l'Auteur, contre toute attente, et au grand étonnement de ses Commettans, en dépit des efforts multipliés, et des tracesseries les plus indignes du plus abominable des hommes, Merlin de Douai, eut le bonheur de réussir complettement.

A

Les personnes donc ci-dessus mentionées, instruites (comme dit est) du long séjour qu'avoit fait l'Auteur à Paris, sur tout dans le tems auquel on n'y voyoit que des scènes d'horreur, après en avoir entendu de sa bouche, par différentes fois, le récit douloureux, lui firent aussi, par différentes fois, les Questions suivantes : savoir, laquelle des deux Villes, de Londres, ou de Paris étoit la plus étendue, la plus considérable ; la plus belle et la mieux bâtie ; celle qui offroit le plus de ressource, et réunissoit le plus d'avantages, celle où le Sexe l'emportoit en beauté, en graces, en talents, &c. conséquemment celle à laquelle l'Auteur croyoit devoir donner la préférence ?

Avant d'entrer en matière, et de répondre à ces Questions, l'Auteur croit qu'il ne sera pas déplacé de revenir aux scènes d'horreur dont il vient de parler, et aux principaux événemens, tous plus tragiques les uns que les autres, qui préludèrent à la révolution françoise, la plus terrible que les annales les plus reculées aient jamais retracée sous les yeux du public, et d'y ajoûter certaines particularités concernant les dangers que l'Auteur lui-même y a couru.

Le premier, et, sans contredit, le plus malheureux de tous, celui qui a entraîné tant d'autres à sa suite, fut l'arrestation du Roi, à Varenne, son retour, et son emprisonnement au Louvre, ensuite au Temple. Oui, le cœur lui saigne encore, quand il se rappèle ce jour cruel et funeste, où cet infortuné Monarque, entourré de tout ce qu'il y avoit de plus vil et de plus abject dans la populace, gens annonçant, par avance, dans leurs regards farouches, ce qu'ils méditoient déjà au fond de leur âme criminelle, ce qui devoit s'ensuivre, et ne s'est que trop véritablement ensuivi ! fut ramené de la manière la plus ignominieuse, au lieu d'où, trois ou quatre jours auparavant, il s'étoit si heureusement, si adroitement derobé.

Pendant ce court intervalle la stupeur et la consternation étoient peintes sur tous les visages ; le bruit d'une nouvelle aussi inattendue ne fut pas plutôt parvenu aux oreilles de l'Auteur (et jamais jour de sa vie ne fut pour lui aussi délicieux,) qu'il se rendit précipitamment au Louvre, où l'on fouilloit jusqu'aux garderobes, pour voir si le Roi ne s'y trouveroit pas caché, et ensuite, dans *le soi-disant sanctuaire des Loix*, pour y aller étudier, avec la contenance embarrassée des Représentans, leurs figures plombées et livides, mais surtout y aller entendre les rapports vagues et insignifians des estaffettes, qui, sans perte de tems, avoient été dépêchées, ventre à terre, à la poursuite du Monarque, sur toutes les grand' routes qui aboutissent à la Capitale, rapports qui, la nuit comme le jour, se succédoient avec une rapidité inconcevable. Ce ne fut néanmoins qu'avec bien de la peine qu'il vint à bout, malgré son billet d'entrée, de s'introduire dans l'intérieur de l'Assemblée, qui déjà regorgeoit, l'Etranger comme le Parisien y venant en foule de tous les quartiers de la ville ; toutes les rues étoient obstruées, en un mot, le concours de monde étoit immense, étoit énorme ; il ne l'étoit pas moins le jour de la rentrée de l'Illustre Fugitif dans sa Capitale.

Eh ! quel ne seroit pas ce concours, si, dans ces tems déplorables, si, par un coup du Ciel, un événement à peu près de cette nature, sans toute fois qu'on y vit, comme alors, couler le sang, ni même tomber d'autre victime que le coupable, venoit à se renouveller dans cette Sodome dénaturée ? s'entend une heureuse contre-révolution qui, peut-être, ne tient qu'à bien peu de

chose, qui sait ?   ne tient qu'à quelque *tête-montée*, à
quelque individu entreprenant et déterminé, de l'un ou
de l'autre sexe, qui, las de languir, et de soupirer sous la
chaîne, se résoudroit enfin, à l'exemple d'une *Judith*, laquelle, selon l'histoire, s'étant introduite dans le camp
d'Holoferne, général de Nabuchodonosor, Roi des Assi-
riens, pour lors, assiégeant Béthulie, en Judée, fut assez heureuse pour délivrer sa patrie des maux affreux
dont elle étoit menacée, en tranchant la tête à ce gé-
neral, qui, toute fois, ne faisoit qu'exécuter les ordres du
tyran ; ou bien, d'une autre *Corday*, qui, tout en visitant
l'infâme *Marat*, finit, comme on n'ignore pas, par le mettre de côté, par le guérir, en un instant, de tous ses
maux à fois, par une saignée obligeante, mais malheureusement trop infructueuse, qu'elle lui fit dans ses
appartemens, se résoudroit, dis-je, en cherchant aussi à
venger sa patrie, à se venger soi-même, mais surtout à
venger l'humanité, son Dieu et son culte outragé,
comme firent ces deux Héroïnes de leur sexe, à devenir,
par là, l'instrument glorieux de sa volonté suprême, et
à purger ainsi la terre du fléau le plus terrible qui ait
jamais désolé sa surface. Eh! un coup aussi éclattant
n'est-il peut-être pas réservé au bras vigoureux de l'une
ou l'autre de nos Amazonnes Britanniques, dans le cas
toute fois que cet homme de sang ait assez de cœur pour
mettre en exécution un projet qu'il semble ne pouvoir
perdre de vûe, et auquel il ne renoncera absolument que
quand nos invincibles Marins (tel nos Nelsons à Trafal-
gar,) lui auront donné une de ces leçons salutaires, si
ardemment, si universellement désirée, leçon peremptoire,
qui, plus décisive, et plus glorieuse encore que celle-ci,
pour les armes du plus puissant, comme du plus équitable
de tous les Monarques, pour le bonheur et la tranquillité

des nations, et des Empires, tout autant qu'il en existe, le fasse, une bonne fois, rentrer en soi-même, pour ne jamais plus en *ressortir*.

Bientot à la triste scène de l'arrestation du Roi succéda une autre d'un genre tout nouveau, la destruction entière des braves et loyaux Chevaliers de Saint-Louis, désignés, dans ces temps-là, sous le nom de *Chevaliers du poignard*, qui, tous autant qu'ils étoient, furent noyés dans des souterrains, où ils avoient été emprisonnés, et qui, jusqu'aux voûtes, furent, à cet effet, remplis d'eau, à l'aide, de machines ou pompes à feu (à peu près dans le genre de celles dont on se sert ici, dans les incendies,) qu'on fit constamment jouer, jusqu'à la parfaite consommation d'un projet si exemplaire, et si propre à encourager dans une révolution; ensuite une troisième, celle, du massacre horrible de six cens prêtres, et de quelques Evêques, tant dans l'église de l'Abbaye Saint-Germain des prés, que dans celle des grands Carmes, Chaussée d'Antin ; et ce ne fut que par une espèce de prodige, que l'Auteur lui-même ne fut pas du nombre des victimes, ayant heureusement échappé aux visites domiciliaires qui avoient précédé ce massacre, et s'étoient faites denuit, à une heure marquée, à l'insçu de tout le monde, ainsi qu'il échappa une autre fois, quelque tems après son départ de Paris, des mains de l'indigne Comité de Surveillance, dans son arrestation à Rocroy, où malgre les défenses les plus sérieuses à cet égard, il eut l'adresse, et le bonheur, la troisième soirée, de venir à bout de souler les deux fusiliers qui le gardoient à vûe, et, après avoir sauté cette même nuit, par la fenêtre, dans une cour voisine, ensuite dans la rue, fut assez heureux pour gagner le large, par une petite brêche dans les murs de la ville, puis, s'enfonçant dans les bois, dont cette ville est entourrée de toute part, d'arriver enfin, la deuxieme journée, vers minuit, sur le territoire de S. M. l'Empereur à quelques lieues de Namur, jadis si renommé et si connu, par le château-fort qui le défendoit, mais qui, comme je crois, a été, depuis, si pas totalement, du moins en partie ruiné, et demoli*.

---

* Le sujet de son arrestation fut qu'étant à se promener le long des glacis de Rocroy, il s'assit, pendant quelques minutes, sur le gazon, pour rédiger une Note à insérer dans un Mémoire qu'il devoit présenter le lendemain aux Membres du District ; il fut apperçu par quelques passans, qui n'eurent rien de plus empressé que d'aller chaudement annoncer au Président du Comité de Surveillance, qu'il y avoit sur les glacis un homme qui levoit le plan de la ville, et en dessinoit les ouvrages, et les fortification, en vue, sans doute, d'en donner connoissance à l'ennemi.

On épia le moment de sa rentrée en ville, et à peine fut-il arrivé à la première porte (c'étoit entre chien et loup,) qu'il se vit entouré d'une cinquantaine d'hommes armés qui le conduisirent à l'Hôtel de ville, où, sur le rapport qu'on avoit fait qu'il avoit caché quelques papiers dans son sein, excepté *la dernière pièce*, il fut mis à nud comme le doigt, à l'aide des bons offices d'un Exempt de Marechaussée, sous les yeux de deux Membres du dit Comité, et notre pauvre chanoine *à pans volans* ; l'on peut juger de la figure qu'il faisoit dans cet état humiliant ! ! !

La veille de cette scène il s'etoit rendu précipitamment à Rocroy, pour éviter d'être arrêté, la nuit suivante, par les gens du lieu où il résidoit, qui tous étoient autant *d'enragés* ; ce dont il avoit heureusement été instruit, en secrèt, par le fils de son hôte, de manière que pour éviter *Sylla* il étoit tombé dans *Caribde* ; evitatâ Carybdi, in Syllam inciderat.

Toute la crainte de l'Auteur, dans son arrestation, étoit qu'il ne vint en tête aux Membres du dit Comité d'envoyer chez lui, pour y faire la visite de ses papiers ; et, sans doute, ils y auroient trouvé matière à l'envoyer, bien promptement, à la *Sainte-Guillotine* ! ! !

L'Auteur qui étoit encore dans ces lieux d'horreur le jour auquel l'infortuné Monarque, et son Auguste Famille furent transportés du Louvre à la prison du Temple, vit aussi, de ses propres yeux, promener dans toutes les rues et carrefours de Paris, en triomphe, et aux cris million de fois réitérés de *Vive la nation*, la tête de la trop malheureuse Princesse de Lamballe, qui, comme on doit se rappeler, par son attachement extraordinaire à la Reine, avoit eu la bonhomie, si pas l'imprudence de rentrer dans le Royaume, d'où elle s'étoit esquivée quelque tems auparavant, et de venir se constituer prisonnière avec Elle, en vûe de lui faire compagnie, et d'alléger, en quelque sorte, ses malheurs, et ses souffrances les plus insupportables ; tête hélas ! ci-devant, l'une des plus belles têtes de toute la France, et que ces monstres dénaturés de Parisiens eurent la barbarie, après l'avoir *frisée, poudrée*, et *arrangée*, à leur manière, d'aller présenter, au haut d'une pique, aux fenêtres de cette infortunée Souveraine, en s'écriant : *Oui, P....oui, bientôt, bientôt, la tienne aura son tour, y passera de même.* Menaces qu'ils accompagnoient de quantité d'autres avanies, toutes plus indécentes, et plus propres à révolter les unes que les autres.

Tandis que ceci se passoit au Temple, d'autres monstres aussi dénaturés, ou plus dénaturés encore *s'amusoient !* à traîner impitoyablement d'un quartier de la ville à l'autre, à l'aide de deux cordes attachées à ses épaules, le tronc sanglant de cette digne Princesse, entièrement dépouillée de ses vêtemens, dans la boue et les égouts les plus immondes, de manière (oui, j'en frissonne encore,) qu'il étoit de toute impossibilité de distinguer son triste cadavre d'avec le cadavre hideux du plus abject, et du plus carnacier de tous les animaux.

Après des forfaits de cette nature, plaigne qui voudra le Parisien, lui prête qui voudra, des sentimens d'honneur et d'humanité (ce dont ils ne cessent de se prévaloir, et de faire parade,) quant à moi, qui ai vu, de loin l'orage se préparer, qui même, bien long-tems avant la fuite du Roi, n'entendois rien d'autres dans les rues, et promenades publiques, chez les marchands de toute espèce que les expressions assommantes de : *changez-moi cet imbécile*, en parlant de *louis-d'or; c'est un homme dont il faut se défaire; à quoi bon tarder ? qu'on lui coupe le cou, qu'on le conduise à l'échaffaud.....Nous ne serons tranquiles que quand il ne sera plus.* Quant à moi, dis-je, non jamais plus, Parisien, de sa vie, n'aura ma confiance.

J'avois beau leur dire, quand j'osois hasarder le mot : Mais, Messieurs, je ne vois pas de nécessité *à couper le cou au Roi*, si vous avez à vous plaindre du Roi, il est un milieu, assurez-vous-en, par une garde de confiance, dans l'un ou l'autre de ses châteaux, et même emprisonnez-le, si vous le trouvez bon, mais laissez vivre le Roi, le Roi, par lui-même, n'est pas coupable, si le Roi a été trompé, à été induit en erreur, n'y auroit-il pas d'injustice à lui faire porter la peine due aux autres ?

Chanoine ! Chanoine ! tu es un Aristocrate, sois sur tes gardes, mon ami, et sache distinguer tes gens, autrement tu pourrois, fort bien finir par mettre ta tête à la fenêtre, en parlant *de la Guillotine.* C'étoit là les seules réponses que je tirois de Mrs. les Parisiens. A ce passage de mon écriture la fable des grénouilles, demandant *un Roi* à Jupiter, me vient dans l'esprit, ce dieu, comme on sait, las de leurs importunités, finit par leur en donner un qui, à ce qu'elles disoient, ne bougeoit, ne remuoit pas plus qu'une souche (c'etoit le bout d'un soliveau,) peu satisfaites de ce *Roi,* elles revinrent à la charge, et prièrent le père des dieux de leur en accorder un autre. Jupiter indigné, pour les punir de leur témérité, leur envoya un hydre, qui ne fut pas plutôt en possession de l'empire des grénouilles qu'il commença à se jetter sur elles, et à les sacrifier toutes, de la première à la dernière, à son insatiable voracité.

Tel est l'hydre destructeur qui règne aujourd'hui, sur les François, et sur toutes les *Grénouillières* de France, et de Hollande; elles ont beau *Croasser*, crier, se plaindre ! ! ! Quand le tambour bat, et que le tocsin se fait entendre, point de quartier, les conscriptions doivent se mettre en marche, et veuille non veuille, courir à une mort qui, plus ou moins long-tems différée, n'en est pas moins certaine. L'Espagne seule en a dévoré cent mille.

L'Auteur étoit encore à Paris, ou plutôt, il étoit au Château de Meudon, en visite chez un ami qui en étoit l'Aumônier, à la catastrophe cruelle de l'annihilation totale des Suisses, où ces généreux défenseurs de la vie du Roi, furent, pour prix de leur fidélité, et de leur inviolable attachment à sa Personne sacrée, tous, du premier au dernier, et de la manière la plus inouie, massacrés, lapidés, fusilliés, que dis-je? après leur mort, foulés aux pieds, éventrés, et leurs entrailles trainées dans la boue, et dans la poussière, tant dans les jardins des Tuilleries, que le long des Quais qui les avoisinent, après que ces cannibales, bien entendu, eurent, au préalable, réduit en cendres leur corps de garde (place du carousel,) et dont, des croisées du Château de Meudon, on voyoit aussi bien, et mieux que sur les lieux de la scène, les flammes destructives et lugubres, dont la clarté livide, et plus lugubre encore, réfléchissant jusque dans l'intérieur des appartemens, offroit à la vûe le spectacle le plus triste et le plus effrayant; Meudon, la ci-devant résidence de Mesdames Tantes du Roi, n'étant qu'à fort peu de distance de Paris, et d'ailleurs placé sur une éminence très-élevée.

Peu de tems après, s'ensuivirent les massacres généraux et presque innombrables des prisonniers détenus dans les différens cachots, et maisons de force de Paris, qui furent tous rasés (la destruction de la Bastille, comme on sait, avoit eu lieu auparavant,) nouveaux jours, nouveaux massacres, c'est-à-dire qu'après avoir fini dans une prison la veille, ils recommençoient dans une autre, le lendemain, de sorte que ces malheureux plus ou moins coupables, furent tous indistinctement égorgés, sous prétexte qu'à une certaine époque, on devoit les lâcher, et s'en servir, pour opérer une contre-révolution, période auquel, pour prix de leur service, étoient attachés, disoit-on, leur élargissement, et leur grace plénière, ce que je n'ai pas peine à me persuader.

Eh! ne seroit-ce pas bien ici le cas de Mr. Buonaparte? En s'obstinant à se refuser à l'échange des prisonniers, ne roule-t-il pas dans son imagination le projet de s'en servir au besoin, comme d'un corps de réserve sur lequel il pourra compter, sil est assez téméraire, assez audacieux, pour faire une tentative sur l'Angleterre, ou qu'il puisse venir à bout, en s'efforçant à lui couper, à lui intercepter toute espèce de ressource, conséquemment à l'affammer, d'y opérer, à la fin, une révolution dans laquelle ces mêmes prisonniers, prennant un parti des plus vigoureux, accéléreroient sa destruction, et lui en faciliteroient, lui en assureroit la conquête qu'il se propose? Dans tous les cas, l'objet des prisonniers, est un objet bien propre à fixer l'attention de Mrs. les Ministres, et du Gouvernment en général. *Les tricheries d'Ulisse, et son cheval de Bois* sont, par ma foi, plus que suffisans pour exciter les justes appréhensions des personnes qui en sont le moins susceptibles. L'arrivée inattendue ici de *Mr. Lucien*, est, à mon avis, un événement des plus singuliers, et, si j'ose le dire, un événement à mes yeux, d'une nature, et d'un augure assez extraordinaire pour être sur ses gardes. *Quidquid it est, timeo Danaos*, on pourroit ajoûter, comme appartenant à une *Famille Royale* d'ancièlnne date !!!.....*et dona ferentes Regia.*

Quoiqu'il en soit, s'il falloit entrer dans tous les détails, si l'on devoit rapporter la multitude innombrable des massacres, et assassinats qui d'abord eurent lieu à l'arrivée des Marseillois dans cette Capitale, et ensuite pendant le long séjour qu'y firent ces forcénés, ces Antropophages cruels, soldés et appelliés à dessein, et qui courant, à l'instar des Bacchantes, toutes les rues de Paris, le sabre au clair, aux cris des *ça ira*, &c. inspiroient, en tous lieux, par leurs regards farouches, la terreur et l'éffroi, sabrant, mettant à mort tous ceux qui, au lieu d'une cocarde de laine, en avoient innocemment arboré une de soie, laquelle, selon eux, et d'après leur consigne, étoit une marque *d'aristocracie*, et un signe non-équivoque de *sentimens pestiférés, et contre-révolutionaires*, oui, je le réitère, s'il falloit entrer dans tous les détails, dans toutes les particularités l'énumération en deviendroit inépuisable, on n'en finiroit pas.

C'est pourquoi l'Auteur (après cette digression un peu longue, et peut-être ennuieuse, quoiqu'elle ne puisse pas être tout-à-fait regardée comme un hors-d'œuvre,) revenant à son sujet, aux Questions lui proposées, ose espérer que cette matière, tout brièvement traitée qu'elle est, matière qui deviendroit aussi immense que le sont les deux Capitales dont s'agit, si elle l'étoit dans toute son étendue, ne laissera pas d'intéresser les personnes qui n'ont jamais vu Paris, et procurer un nouveau plaisir, peut-être une sensation toute-à-fait différente de la première à celles qui y ont séjourné plus ou moins long-tems, et y ont été plus ou moins souvent les témoins oculaires de ce qui se passe, de ce qui se pratique dans cette Ville extraordinaire, a cru, devoir saisir cette année l'occasion, d'y répondre autant bien que possible*, mais très-décidément de manière à ne faire entrer dans son Ouvrage ni préjugé, ni partialité quelleconque, *sa Patrie n'étant pas le lieu qui le vit naître, mais celui qui fournit à sa subsistance.*

PATRIA MEA NON UBI NASCOR, SED UBI PASCOR.

---

* Les personnes qui ont fait à l'Auteur les questions sus-énoncées se sont bien gardé de lui faire la suivante, qui y a certain rapport, savoir Auquel des Souverains respectifs, aujourd'hui regnans, de GEORGE ou de NAPOLEON, *si Souverain y a,* l'on doit donner la préférence; aussi l'Auteur se gardera-t-il bien d'en venir à une dissertation particulière, à ce sujet; un Souverain légitime, et universellement chéri de sa nation, n'ayant rien de commun avec un usurpateur, un aventurier, qui fait le fléau de la sienne, et en est le destructeur impitoyable; se gardera-t-il bien de mettre en parallèle un Monarque généralement reconnu pour le plus magnanime, le plus désintéressé, et le plus fidèle à ses engagemens, généralement reconnu pour le plus loyal des amis, le plus tendre des pères, et le plus digne des époux, avec un homme de sang, qui possède, au plus haut dégré, tous les vices diamétrallement opposés à tant de qualités, à tant de vertus éminentes, avec un homme dont les sentimens bas et sordides, dont l'avarice et la perfidie reconnue dans tous les cas, franchissant, sans honte et sans pudeur, toutes les barrières que la bonne foi et la Religion attachent aux nœuds sacrés d'une sainte alliance, en font, tout à la fois, et l'ami le plus fourbe, comme le plus dangereux des hommes, et l'époux le plus infidèle, le plus ingrat, le plus denaturé des époux!!! Puisse-t-il, au moins, se montrer père, et père à donner à son fils une éducation, différente de la sienne! une éducation qui en fasse l'*Adam* d'une postérité moins farouche, d'une postérité moins cruelle; ce qui ne peut manquer d'arriver, s'il réunit en soi les vertus héréditaires à la Maison d'Autriche, celles d'une mère sensible, épouse unfortunée hélas! qui, selon moi, ne s'est sacrifée que pour empêcher que l'*Héritage de Charlemagne* ne fut sacrifié à la rapacité, à la barbarie du plus *détestable de tous* les Conquérans.

DISSERTATION PREMIÈRE.

Laquelle de ces deux Villes, de LONDRES ou de PARIS, est la plus étendue, et la plus considérable ?

COMME un préambule que l'Auteur, pour prévenir toute objection, a jugé essentiel, dans une matière aussi intéressante, et dans laquelle, en excitant la curiosité de ses Lecteurs, en les mettant au courant des choses qu'ilspourroient ou ignorer ou avoir perdu de vûe, ou bien n'avoir parcouru que superficiellement, son premier but est de leur plaire, de les amuser, et de les divertir (après leur avoir encore demandé cette année la gracieuse continuation de leurs bontés et bienveillance,) il ose les prier de faire attention qu'il ne parle ici de Paris, qu'il a plû à certains plaisans de définir : *le Paradis des femmes, l'Enfer des chevaux, et le Purgatoire des maris,* ajoûtons le centre du bonheur *des chiens et des chats,* vû quil n'est pas une seule femme dans Paris, s'entend d'une certaine condition, qui n'ait un gentil petit *Minon,* une gentille petite *Minette,* un joli petit *Prince,* une jolie petite *Princesse,* un beau petit *Marquis,* une belle petite *Marquise,* enfin un *Azor,* une *Azorinne,* et de nom et d'effet, auxquels, tout, en se levant, elle ne prenne plaisir à prodiguer ses premières caresses, et ses baisers les plus affectueux, épidémie qui, dans le siècle où nous vivons, s'étend jusqu'aux plus simples petites bourgeoises, lesquelles là, comme ici, prennent à tâche d'imiter, et de suivre en ceci, comme dans le reste, toutes les fantaisies, et toutes les modes que le luxe n'avoit d'abord inventés que pour la Noblesse, et les personnes riches, ou à leur aise, nous ne parlons, dis-je, de Paris que tel que Paris étoit du tems de nos Louis-Quatorze, de nos Louis-Quinze, et de l'infortuné Louis-Seize ; car Paris,

tel quil étoit du bon vieux tems, dans sa première origine, et tel que ses habitans, eux-mêmes, le distinguent
encore aujourd'hui du Paris, dont il est question, n'est,
au fait, soit en largeur, soit en longueur, que ce que
nous appelons, vulgairement parlant, *un tablier*.

Quant au Paris de nos jours, réduit, défiguré, dé-
gradé, comme il est, sous la puissance arbitraire de
l'usurpateur, je ne sais pas trop ce qui s'y passe, ce qui
s'y pratique, au moment où j'écris, tout y ayant changé
de face depuis la révolution *(quantum mutatus ab illo !!!)*
et les papiers qui nous viennent de ces lieux imposteurs,
étant autant de productions surveillées, infidèles, et men-
songères sur lesquelles on ne peut faire aucun fond : aussi,
vraisemblablement, aurai-je avancé, dans bien de cas,
quantité de choses qui n'y existent plus, qui ne s'y voient
plus.

Au reste, pour en revenir au Paris dont il est question, Paris, tout ainsi que Rome, du tems de Romulus
et de Rémus, tout ainsi que quantité d'autres villes,
s'étant considérablement accrû sous les règnes de ses différens Rois, et surtout sous ceux de Charles V dit *le Sage,*
de la Reine Cathérine de Medicis, de Henri III. de Henri
IV. de Louis XIII. et enfin, sous celui de Louis XIV.
qui y mit la dernière main, Paris est, à la fin, devenu
aussi grand, aussi considérable, et aussi renommé qu'il
l'est, s'augmentant, et s'aggrandissant de plus en plus,
chaque année, comme le fait également Londres lui-
même, par la construction innombrable des nouveaux
bâtimens, et des nouvelles rues que leurs habitans respectifs y ajoûtent, pour ainsi dire, sans relâche, et comme
à l'envi les uns des autres.

Cependant toute grande, et tout immense que les partisans, que les anthousiastes de Paris font cette Capitale
du royaume de France, qui, de même que Londres, est
divisée en trois parties, savoir *la Ville, la Cité,* et *l'Université,* dont les deux premières sont situées dans une
vaste plaine qui n'a d'autre éminence voisine que *Mont-
martre,* et *le Temple de Mars,* et la dernière, qui, à l'op-
posite de celles-ci, est bâtie sur le penchant impercep-
tible d'une autre éminence, où se trouvent les faubourgs
Saint-Michel, Saint-Jacques, et *Saint-Marceau,* et au bas,
ceux de *Saint-Germain,* et de *Saint-Victor,* oui, toute

grande et toute immense, que ses partisans, ses anthousiastes font cette Capitale, il est certain que, si nous en
séparons les faubourgs qui, soit par rapport à leur popu-
lation, soit par rapport à leur étendue, font aisément,
et sans trop hasarder, plus d'un bon tiers de la Ville, Paris
n'est pas infiniment considérable, ni ne correspond, dans
tous ses points, à la grande opinion qu'on s'en forme à
la première vûe, et cette partie à part, Londres l'emporteroit, bien décidément, de beaucoup sur Paris, mais
ses différens, mais ses nombreux faubourgs, savoir,
outre les cinq ci-dessus mentionnés, ceux de *Saint-De-
nys*, de *Saint-Martin*, de *Saint-Honoré*, celui du *Temple*,
et surtout le faubourg *Saint-Antoine*, à proximité duquel
étoit la Bastille, et qui, sans contredit est, le plus étendu
comme le plus peuplé de tous, celui aussi qui, comme on
sait, a le plus contribué à la révolution françoise, à
l'instigation, et sous la conduite de l'infâme *Santerre*,
brasseur de profession, le même qui conduisit son Roi à
l'échaffaut, faubourg conséquemment que la France, et
l'Europe entière ont droit de maudire, et maudiront, sans
doute, éternellement ; ces faubourgs, dis-je, et quelques
autres, peut-être, qui me sont échappés, sont pour cette
Ville un accroissement si vaste, et si extraordinaire qu'un
étranger quelconque arrivant, pour la première fois,
dans Paris, est comme *un homme tombé des nues ;* sensation dont il ne seroit très-certainement pas moins
affecté, à son premier début, dans la Capitale de la Grande
Bretagne, ce beau Londres qui tient tant à coeur à Mr.
Buonaparte.

Néanmoins, pour contrebalancer ces avantages que
Paris, du premier abord, semble avoir sur Londres, si,
outre ses trois faubourgs, nous regardons comme tels
*Pimlico, Chelsea, King's Road, Brompton, Kensington-
Gore, Kensington Palace,* et ses accessoirs, *Edgeware-Road,
Paddington, New-Road, Hampstead,* et *Tottenham Roads,*
et si partant de là, nous tirons une ligne directe qui,
en comprennant les fonds immenses, tous les terreins
incultes, et non occupés qui, de droite, et de gauche,
avoisinent la plûpart de ces lieux (dont dans des tems
plus heureux, l'on pourroit faire les plus jolies choses du
monde, c'est-à-dire, si l'on vouloit s'occuper à les dessé-
cher, à les niveller, à les enjoliver,) une ligne, dis-je,
qui poussée jusqu'au pié d'Islington, comprît toutes les

Places nombreuses (dites *Squares*) qui s'y trouvent renfermées, savoir celles de *Bedford*, *Russell*, *Brunswick*, *Queen's*, *Bloomsbury*, et *Red-Lion-Squares*, *Smithfield*, *Moorfields*, *Billingsgate*, *Lincoln's-Inn*, et *Lincoln's-Inn Fields*, qui, seuls, c'est-à-dire, ces deux derniers, contiennent autant et plus d'espace que n'en contiennent certaines petites villes de France, tel *Marienbourg*, et quelques autres, cette bicoque n'ayant qu'une seule et même porte, ce qui fait qu'en parlant de ses habitans, on leur donne le nom *de Renards de Marienbourg*; comprît *le Jardin du Couvent*, et maint autre lieux, et promenades publiques, s'étendît jusqu'à *la Tour*, et bien au delà *de la Tour*, sur la gauche, puis une autre ligne qui, partant de ce point allât se terminer au pont de Battersea, et embrassât ces espaces, à perte de vûe, qui viennent se terminer à l'extrêmité du faubourg de Westminster, qui embrassât *le Vauxhall*, *Lambeth*, *Lambeth-Palace*, *la Tamise*, et en revenant au point d'où nous sommes partis, embrassât toutes celles qui se trouvent en deçà de ce fleuve, entre *Millbank*, et *Chelsea*, conséquemment embrassât *Brompton*, *Pimlico*, avec toutes leurs dépendances, les Maisons dites *Buckingham* et *Carleton*, avec leurs parcs respectifs, l'enceinte immense des jardins *de Kensington* ainsi que le vaste palais qui s'y trouve renfermé, en un mot, *Hyde-Park*, *Green-Park*, *Saint-James's Park*, et le reste, dont les fonds, bien certainement comprennent plus de deux, ou trois fois celui du jardin des Tuilleries, et des Champs Elizées, qui communément parlant, ne sont qu'un boyau*, les Tuilleries étant, à

---

* Pour convenir de ceci, l'on a qu'à se figurer que *Horse-Guard* est le Louvre (car le château des Tuilleries est exactement dans la même position,) maintenant supposé que les bâtimens de *Horse-Guard* s'étendissent, de droite, jusqu'au mur de l'Amirauté, et, de gauche jusqu'à celui qui est en deçà de *Downing-Street*, cette étendue formeroit, à bien peu de chose près, la largeur du château du Louvre, de sa terrasse, et par conséquent celle du jardin des Tuilleries, qui nónt pas, comme le Parc Saint-Jacques, le précieux avantage d'une rivière qui les traverse.

Que si partant de ces deux points, l'on tiroit deux parallèles qui allâssent se terminer au fond de la cour de *Buckingham-House*, ces deux lignes décriroient, sans trop avancer, toute l'étendue qui se trouve entre le dit château, et la Place de LOUIS-

gauche, reserrées par la rivière de Seine, et à droite,
par une rue bordée de quantité de maisons plus ou
moins considérables, et au fond de laquelle se trouvoit
le manège de la Cour, qui, dans la révolution, devint tout-
à-coup le lieu des séances de l'Assemblée Nationale.

Aussi se trouvoit-il parmi ses honorables Représentans
des piqueurs, des chevaux, et des ânes; les premiers étoient
les *Mirabeaux*, les *Taillerand*, les *Seyès*, les *Maury*, et
quelques, autres de la même trempe, qui, plus fins, et
plus éclairés que le reste, conduisoient *la voiture*; *les chevaux*, étoient ces hommes violens et emportés qui, comme
eux, *ruoient*, et se *cabroient*, au moindre mot qui sem-
bloit, tant soit peu, altérer, ou adoucir ce que, la nuit
précédente, ils avoient roulé, seuls, dans leur cervelle
creuse, et exaltée, ou bien qu'ils avoient méchamment
machiné, la veille, avec leurs trop criminels partisans,
les ânes enfin étoient ces tristes individus qui, muets
comme poissons, n'auroient ouvert la bouche que pour dire
des bêttises, qui se bornoient conséquemment à ap-
prouver *des culottes* (c'étoit le terme en usage alors,)
c'est-à-dire, qui ne faisoient que se lever, et se rasseoir,
pour manifester leur opinion, pour donner leurs votes,
et leurs suffrages; après quoi, on les voyoit *gravement*
se remettre sur leur séant, sourire, se rengorger, que
dis-je? tout ainsi que faisoient, jadis, quantité de Con-
seillers aux Parlemens, *contens comme des Bossus*, on les
voyoit s'applaudir en secrèt, et afficher un air de sufissance
que j'aurois peine à d'écrire, pour s'être rangé du parti
le plus fort.

Maintenant, après cette brième digression, revenant à
notre *Chelsea*, et aux fonds de toute espèce compris dans
ce vaste cercle, si, nous dirigeons cette même ligne sur
le Palais et jardins de *Kensington*, et du Palais et jardins
de *Kensington* sur *Edgeware-Road*, ensuite d'*Edgeware-
Road* sur le *Paddington*, quelle immensité de terrein n'y

Quinze, dont la Statue équestre, dans la révolution, fut, sous
mes yeux, culbuttée l'une des premières; que si nous rap-
prochons en ligne directe, *le Green-Park*, qui, sans doute, avec
la partie qui resteroit du *Park Saint-Jacques*, à droit et à gauche,
seroit plus que l'équivalent des *Champs-Elizées*, lesquels, néanmoins se trouvent un peu élargis du côté du *Garde-Meuble*,
l'on trouvera que ce que j'ai avancé plus haut, est une première
vérité dont on ne peut disconvenir.

trouverons-nous pas, même en mettant de côté Montague, Portman, Grosvenor, Berkeley, Manchester, Cavendish, Hanover *Squares*, et la magnifique Place de Portland qui, de même que plusieurs d'entre *les Squares* sus-mentionnés, soit par la beauté de leurs bâtimens, soit par l'air pur et sain qu'on y respire, soit par le coup-d'oeil frappant qu'offrent à la rûe, les boulingrins, les arbres et arbustes les plus rares dont ils sont remplis, les Statues de bronze, et les beaux treillis de fer très-élevés dont ils sont, entourrés valent bien, à mon avis, *la Place Royale* tant renommée, et tant vantée par Messieurs les Parisiens, et à peu près la seule qui mérite attention, surtout depuis qu'on a culbutté, partout, les Statues, et *qu'on* les a convertis en *gros sous*.

Que si, outre cette immensité prodigieuse de fonds des parcs et des places de toute dimension, nous prennons en considération la largeur extraordinaire des rues de Londres, qui, rues pour rues, sont infiniment plus larges, infiniment plus longues, et infiniment mieux percées que celles de Paris, si nous prennons en considération la largeur extraordinaire de la Tamise, qui, sans doute, l'emporte, par tout, sur celle de la Seine, conséquemment la longueur démesurée de ses ponts, auxquels rien ne peut être comparé, nous trouverons que Paris tant vanté, pour son étendue, le cède de beaucoup, à la Capitale du Royaume d'Angleterre, et même, Ville pour Ville, s'entend l'une et l'autre dépouillées de leurs accessoirs, je ne crains pas d'affirmer que celle-ci, en dépit de ce qu'on en pense, et de ce qu'on en dise, l'emporteroit encore sur la première.

Mais *les Boulevards*, *les Boulevards*, Monsieur, me dira-t-on, et les différens Quais, de toute beauté, qui bordent la Seine, les comptez-vous pour rien ?

Les Boulevards, répondrai-je, non, l'on n'en peut disconvenir, outre qu'on doit les regarder comme un embellissement des plus merveilleux pour Paris, ils sont encore, du côté de l'étendue, un objet très-considérable pour cette Ville, mais, en compensation, s'il étoit possible, de rapprocher la quantité surprennante de toutes les places superbes de Londres dites *Squares*, dont il est parlé ci-dessus, oui, je prétends, que ces places réunies formeroient un ensemble à aller, tout au moins, de pair avec *les Boulevards*.

Pour ce qui regarde les *Quais*, soit celui *de Saint-Augustin*, soit celui *de la Feraille*, et autres, tous autant qu'ils sont, je repartirois sur le même ton: Et nos *Trottoirs*, Monsieur, les *Trottoirs* de Londres qui, dans certaines de nos grand' rues, ont jusqu'à quatorze à quinze pieds de largeur, de chaque côté, comme nous le dirons plus amplement à la suite, ne les jugez-vous pas au dessus, et infiniment au dessus de tous vos *Quais*, qui ne sont que partiaux, et de fort peu d'étendue, tandis que *ces Trottoirs* se reproduisent par tout, sans discontinuer, et dans toutes les places, et dans toutes les cours, et dans les plus grandes comme dans les plus petites rues, en proportion de ce quelles sont ou plus ou moins larges, et plus ou moins retrecies.

A l'appui de mon assertion ci-dessus peremptoirement énoncée, vient, très-à-propos ce que disoit souvent de Paris l'immortelle Marie-Thérèse, Reine de Hongrie, lors qu'on lui parloit de la grandeur immense de cette Ville, *je mettrois*, répondoit-elle, *tout Paris dans mon Gand*[*] ce qu'il ne lui prit jamais envie de dire, quand on lui parloit de la Capitale de la Grande Bretagne.

DISSERTATION II.

Laquelle de ces deux Villes de LONDRES ou de PARIS est la plus belle, et la mieux bâtie?

Il est certain que ce qui concourt le plus, ou le moins à la beauté, et à la magnificence d'une ville, telle qu'elle soit, ce sont les grands, les beaux Edifices, qui s'y trouvent ou plus ou moins accumulés, surtout si ces Edifices sont, ce qui s'appèle bien pris, bien compassés, bien

---

[*] L'allusion que faisoit cette illustre Princesse de la ville de Gand, qui, sans contredit, est une merveille pour son étendue prodigieuse, avec *le gant* de sa main, mérite bien d'être ici rapportée, comme une anecdote très-analogue à ce que j'ai avancé, et qui sert, en même-tems, à rappeler à notre souvenir cette Héroïne de son Sexe, et de son siècle. Dans celui-ci, il nous manquoit *un Homme et une Femme*, c'est-à-dire, un Fréderick, et une Marie-Thérèse!!! Comment diable! ils vous auroient mené, *Tambour battant*, celui qui en, a si malheureusement pour nous, et pour l'Europe toute entière, mené *tambour battant*, les Successeurs respectifs!!!

distribués ; conséquemment si, étalant aux yeux ces parties essentielles que requiert le Grand Art de bien bâtir, ils réunissent en eux toutes les aisances, toutes les commodités convenables, toutes celles qu'on y désire, celles, en un mot, qu'on doit réputer comme des parties inséparables d'un Edifice ou publique ou privé, soit-qu'il soit sacré, soit qu'il soit profane.

Car tout ainsi qu'un Edifice de la nature ci-dessus spécifiée contribue extraordinairement à l'ornement, et à l'embellissement d'une belle ville, de même une belle ville contribue-t-elle extraordinairement au coup-d'œil, et à la noblesse d'un Edifice, et c'est si vrai que si nous supposons quelques maisons isolées, même de la plus belle apparence dans ce que nous appellons communément *une vilette, une bicoque, une boîte à cailloux,* dont les rues étroites, tortueses, remplies de cloaques et d'ordures, n'offrent qu'un aspect rebutant à la vûe, ces mêmes maisons, quoique remarquables d'ailleurs (tel une belle perle, dans un fumier,) perdent, tout au moins, la moitié de leur mérite ; mais à Paris, surtout en fait d'Edifices publiques, des maisons de grands Seigneurs, et personnes aisées (car quant à celles des particuliers, nous en parlerons d'une manière bien différente,) tout est grand, tout est noble, toute est uniforme, et de ce côté-là, c'est un aveu qu'on est obligé, de faire, Paris l'emporte incontestablement, *de cent piques* sur Londres, où néanmoins l'on peut dire, en toute vérité, qu'il se trouve des morceaux de la plus brillante Architecture, mais pas, à beaucoup près aussi nombreux, ni aussi multipliés qu'ils le sont dans cette première Ville.

Tels sont, décidément, les Temples majestueux *de Saint-Paul* et *de Westminster,* la maison dite *Somerset-House* (Quant au superbe *Hôpital de Greenwich,* nous le laisserons à côté, comme ne faisant pas partie de la Ville.) Tels sont nos trois Ponts, et tel sera celui qui se construit maintenant, en fâce *du Vauxhall,* auxquels néanmoins, *le Pont Royal, le Pont neuf,* et celui *de la révolution,* en fâce de l'Hôpital des Invalides ne le cèdent que parce qu'ils n'ont pas autant de longueur que les nôtres, Parmi ces morceaux, pourroit aussi figurer, la Maison dite *Buckingham,* Edifice des mieux pris, et dont les souterrains immenses, et extraordinairement bien distribués, cachent peut-être autant, et plus d'ouvrages que tout le bâtiment n'en offre en dehors, c'est-à-dire, y compris ses fondations ; Feue Madame la Princesse Amélie y avoit ses appartemens, de même que la plûpart des personnes de sa suite ; toutes celles qui sont au service de LEURS MAJESTES y ont également les leurs ; mais au milieu de cette Maison, qui respire la grandeur et la magnificence, pour en ennoblir la façade, et couronner l'oeuvre, je voudrois voir s'élever une *Tourelle*, en forme de *Lanterne*, d'environ vingt-cinq pieds de hauteur, présentant quatre croissées, aux quatre points dits l'Est, l'Ouest, le Sud, et le Nord....Quant à *St. James's Palace*, qui est aussi un bâtiment des plus spacieux, mais qui n'est remarquable que par son *antiquité*, Palais que les flammes, passé quelque tems, ne paroissent avoir respecté que par cette raison, nous nous contenterons de le ranger parmi ces Edifices qui n'ont, pour tout mérite, que la masse, et l'existence. Mais pour ce qui est des premiers, à l'exception du Louvre, du Dôme des invalides, et peu d'autres, ils peuvent aller de pair avec tout ce que Paris offre de plus rare, en fait de bâtiment.

Que si nous ne parlions ici que du volume, que de l'étendue d'un Edifice, abstraction faite de cette riche Architecture dont il est fait mention ci-dessus, nous citerions les bâtimens immenses *de la Compagnie des Indes, ceux de la Bourse, les Hôpitaux de Chelsea, et de Bethlem,* ce dernier surtout, qui, outre qu'il est des plus volumineux, est encore un bâtiment très-remarquable ; nous citerions *l'Amirauté, Westminster, White Hall, Horse-Guards, Mansion House,* enfin quantité d'autres ; mais ce dernier étant un bâtiment des plus massifs, et qui le paroît encore infiniment davantage, en ce qu'il est malheureusement trop resserré, trop recoigné, en avant, comme en arrière, *Mansion-House* ne peut pas être réputé comme un bâtiment propre à attirer les regards ni des Artistes, ni des Connoisseurs ; on pourroit ajoûter aux premiers la vaste et superbe Maison dite *Carleton,* dont la façade est majestueuse, aussi bien que le Vestibule qui en imposoient déjà auparavant, mais qui va recevoir un nouveau surcroît de noblesse, et de magnificence, à la suite des réparations dont S. A. R. Mgr. le Prince Régent est maintenant occupé ; mais en avant de cette Maison, au lieu de ce mur antique, qui en masque tout le frontispice, je désirerois y voir de beaux treillis dorés, avec une, ou deux hautes Barrières élégantes, à deux battans, semblables à celles dont est orné le joli petit *Parquet* de Mr. le Marquis de Landsdown, et ajoûter, de même, celle dite *Albany*, la ci-devant Résidence de S. A. R. Mgr. le Duc d'York, qui est, sans doute, un bâtiment d'une profondeur, d'une étendue extraordinaire, et supérieurement distribué, consistant en plus de cent beaux appartemens, tous habités par des Seigneurs, et autres personnes d'un certain rang, et en une galerie, d'une longueur prodigieuse, qui, le soir, étant éclairée, forme le plus beau coup-d'œil possible, et excite une espèce de sensation, lors qu'on la voit, pour la première fois ; le *Vauxhall* est aussi un bâtiment qu'on peut ranger parmi ceux-ci.

Mais le volume seul, mais l'étendue seule d'un Edifice, tel qu'il soit, n'étant pas ce qui en constitue le mérite intrinsec, et un tel Edifice étant, de soi-même, peu de chose, s'il ne réunit pas au premier avantage celui que requièrent indispensablement les principes de l'Art, il est incontestable que bâtimens pour bâtimens, c'est-à-dire, individuellement considérés* soit du côté de leur volume, soit du côté de leur magnificence, et de leur noblesse, en un mot, soit du côté de leur multitude presque innombrable, nous exceptons Rome, il n'est qu'un Paris dans *l'univers, et qu'après Paris il faut tirer l'échelle :* c'est de quoi l'on ne pourra se dispenser de convenir quand on aura parcouru les vastes bâtimens, les bâtimens, à perte de vûe, *de la Bibliothèque Royale,* la plus nombreuse, la plus rare, et la plus épurée qui existe, où le Latin, l'Allemand, le Hébreu, le Grec, l'Italien, l'Anglois, l'Espagnol, l'Arabe, le Chaldéen, le Siriac, et à plus forte raison, le François, retrouvent leurs meilleurs Auteurs traduits, ou non traduits, et quantité d'entre eux, dans presque toutes les langues ; où le Parisien, comme l'Etranger sont en droit de demander les livres qu'ils désirent, en droit de les parcourir, et même d'en copier

---

* Quand je dis : *individuellement considérés,* j'entends, par là, que si les bâtimens de Paris, et ceux de Londres étoient pris *in globo,* et comme ne formant qu'un *Tout,* un *Ensemble générique,* Paris, comme nous, le dirons, à la suite, devroit encore céder la palme à cette dernière Ville.

les passages qui peuvent leur être de quelque utilité ;
à quel effet, papier, plume et encre leur sont délivrés
incessamment, et *gratis*, par les personnes qui sont char-
gées de cette besogne ; qu'on aura parcouru les *Cabinets*
de Physique, d'Astronomie, de Dessin, de Peinture, de
Sculpture, de Gravure, d'Architecture, et d'Histoire Na-
turelle, le Palais Royal, le Palais-Bourbon, le Garde-
Meuble, l'Hotel de la Monoie, l'Hotel-Dieu, ceux des
Invalides et des *Enfans trouvés,* les différens *Collèges,* la
Sorbonne, les *Hôtels,* jusqu'aux *Caffés* mêmes, celui de
Foi, au *Palais Royal,* rassemblant, au plus souvent, depuis six cens, jusqu'à mille, à douze cens personnes ;
enfin *la Bourse, la Campagnie des Indes, l'Arsénal,* et
quantité d'autres, qu'il seroit trop long de détailler ; en un
mot, qu'on aura parcouru les différentes maisons de
Spectacles, et surtout *celle des* Italiens, dite *le Grand*
Opéra, qui certainement est de toute beauté, maisons
néanmoins qui, selon moi, ne l'emportent sur celles de
Londres, que par leur situation, et la quantité extraordinaire qu'on en compte ; vingt-cinq à vingt-six différens
Théatres étant journaillérement ouverts dans Paris, et
ce qu'il y a de plus surprennant journaillérement suivis,
et tous journaillérement remplis comme des œufs, sans
compter encore, parmi ces Théatres, quantité d'autres
dans le genre de ceux qu'on voit ici, à la foire de la Saint-
Barthelemi, mais surtout, quand on aura fixé la vûe, je ne
puis trop le répéter, sur ces chefs-d'œuvres de l'Art, ces
Triomphes, ces Trophées d'Architecture ci-dessus mentionnés, le *Louvre* et le *Dôme* des Invalides, auxquels
l'œil du Connoisseur obstupefait, et attaché, sans pouvoir s'en détacher, les voit, les revoit, les parcourt, et
après les avoir parcouru, s'il s'en éloigne, ce n'est que
pour revenir incontinent sur ses pas, pour les parcourir
encore, pour y découvrir, y saisir encore des beautés
nouvelles, où plutôt des miracles qui avoient échappés à
l'avidité de ses regards.

Nous nous garderons bien d'en dire autant, des
maisons des particuliers de Paris, qui sont des grands
diables de bâtimens, d'une hauteur, d'une élévation prodigieuse, mais d'une crasse ! d'une crasse ! et
d'une puanteur insupportable, et propre à révolter, je
ne dirai pas seulement les yeux d'un Anglois, d'un

Hollandois, mais de tout étranger quelconque* ; ce qu'on n'aura pas peine à concevoir, quand on aura considéré qu'une infinité de ces bâtimens contiennent jusqu'à soixante, à quatre-vingt, et même, quantité d'entre eux, jusqu'à cent, deux cens personnes de tout état, de tout âge, et de toute condition, et surtout considéré, comme dit est dans la note ci-dessous, que l'eau s'y achète et s'y vend au prix de l'or.

Néanmoins pour revenir à *l'élévation de ces bâtimens*, si nous prennons en considération la manière de bâtir de ces deux Villes respectives, nous trouverons qu'il n'y a pas infiniment de différence entre les maisons de Paris, et celles de Londres : dans la première les cuisines, et tout ce qui y a rapport, étant de niveau avec le rez-de-chaussée, tandis que dans la seconde les cuisines, et tout ce qui en dépend, forment autant de jolis souterrains bien secs, bien aërés, et suffisamment éclairés, pour y faire le nécessaire, et en face desquels on a soin de ménager des débouchés de quatre à cinq pieds, plus ou moins de largeur qui leur servent de cour, et communiquent aux caves, desquelles, par des trous qui passent des voûtes aux trottoirs, reçoivent annuellement le charbon de terre, dont on fait usage, au besoin, et à côté desquelles, plus communément, sont logés les réservoirs d'eau, qui trois fois la semaine, se remplissent, avec la plus grande exactitude, à l'aide d'autant de petits aqueducs qu'il y a de maisons ; souterrains qui servent aussi de retraite aux domestiques des deux Sexes, et sont tous, en dehors, garnis,

---

* Cette crasse, et cette puanteur doivent être attribuées à deux causes, principales, la première, à la rareté, ou plutôt à la cherté d'eau, ce dont nous parlerons plus amplement à la suite, et la seconde au versement qu'on fait des *urines*, et des choses les plus immondes dans des tuyaux qui descendant le long des murs, du haut des gréniers dans les égouts, ont à chaque étage, des espèces d'entonnoirs, de forme quarrée, très-larges, pour les recevoir ; de sorte que dans les grandes chaleurs d'Été c'est *une peste* ; aussi doit-on se boucher le nez, jusqu'à ce qu'on soit parvenu à l'étage où l'on est obligé de se rendre ; les personnes de ces pays qui ont eu à faire avec leurs horlogers, ou tailleurs travaillans en chambre, avec leurs lavandières, leurs ravaudeuses, et le reste, ne doivent pas ignorer *ce qu'en vaut l'aune*.

et défendus par des treillis de fer de toute beauté, qui, outre qu'ils servent d'ornemens à ces maisons, sont aussi de la plus grande utilité et commodité ; les provisions de toute espèce y arrivant à travers une grille, qui, du matin au soir, reste ouverte, à cet effet, de manière que tout y entre, et tout en sorte, sans que les domestiques se donnent beaucoup de peine, ni que les maîtres en soient génés en la moindre chose, ce qui n'est aucunement en usage à Paris.

Quant aux maisons des Seigneurs, et personnes aisées de Londres, étant toutes, à peu près, construites de même, nous n'avons rien à ajoûter à ce qui est dit de celles des particuliers, sinon que leurs voitures, leurs chevaux, leurs cochers, et tout ce qui a rapport à cette partie, ne sont pas, comme à Paris, rassemblés, sous un même toît, ayant, pour cet effet, des remises et des écuries séparées, et même, assez souvent, à quelque distance de leurs Hôtels, ce qui n'est pas, selon moi, tout-à-fait aussi commode qu'à Paris, dans les Pays-bas, et en Allemagne, où, d'un seul coup de sifflet, voitures, chevaux, cochers, postillons, laquais, coureurs enfin (ce qui est beaucoup de mode dans cette dernière Contrée,) sont en l'air, et se trouvent à leur poste.

Cependant pour ce qui est des corps de logis des Seigneurs de Londres, ainsi que de l'intérieur des maisons, et de leurs ameublemens, ils ne le cèdent, pour la plûpart, en rien à ceux des plus grands Seigneurs de Paris, soit du côté du volume, soit du côté de la magnificence, leurs Hôtels ayant, en grande partie, des cours en avant, et de jolis parcs, ou jardins sur le derrière ; tels ceux de *Marlborough*, de *Northumberland*, de *Devonshire*, de *Portland*, de *Buccleugh*, de *Wellesley*, de *Lansdowne*, de *Harcourt*, de *Camden*, de *Stair*, de *Grosvenor*, de *Chesterfield*, de *Montague*, de *Gordon*, de *Dorchester*, enfin de *Foley* et de *Camelford Houses*, mais surtout celui de *Liverpool*, qui réunit à ces avantages celui d'avoir un coup-d'œil délicieux sur la Tamise.

A ces beaux, à ces spacieux Edifices on pourroit en ajoûter une infinité d'autres, qui, sans avoir de cour en avant, sont néanmoins entourrés de jardins magnifiques, et des mieux entretenus, tels les Hôtels d'*York*, de *Richmond*, de *Milford*, de *Spencer*, de *Moira*, de *John Penn*, de

Stafford, de *Buckingham*, et généralement tous ceux qui ont vûe sur les *Parcs*, sur la *Tamise*, et sur les vastes terreins du côté du *Paddington*, de *New-Road*, et de *Sloane-Street*, ainsi que *Portland* et *Grosvenor-Places ;* en un mot presque tous les Hôtels dont les différentes *Places* de Londres, autrement dites *Squares*, sont entourrées, *Places* qui sont toutes des plus magnifiquement décorées, et plantées d'arbres, et d'arbustes les plus rares.

Comme ce récit nous meneroit trop loin, l'Etranger, en mains duquel le présent Ouvrage sera dans le cas de parvenir, pourra s'en assurer, de ses propres yeux, et après avoir parcouru toutes ces *Places*, ou *Squares*, il sera obligé de reconnoître, et de confesser que bon nombre d'entre elles peuvent aller de pair, ou peut-être même, effacer la *Place Royale* de Paris, tant vantée, comme dit est, par Messieurs les Parisiens, pour la beauté de ses bâtimens, lesquels, si je tiens bien, ne sont pas, comme à Londres, embellis de beaux Trottoirs, ni défendus de treillis superbes, peints, et entretenus de manière à attirer ses regards, et à fixer son attention.

De sorte que récapitulation faite de ce qui milite, ou plus ou moins, en faveur des deux Villes, relativement à leurs bâtimens respectifs en général, ceux de Londres étant, à la vérité, moins profonds, et moins élevés, mais tous, à peu près de niveau, tous, à peu près, uniformes, réguliers, et d'après les mêmes dimensions, s'entend ceux des particuliers, étant tous mieux compassés, mieux distribués, bien plus commodément, et, sans aucun doute, bien plus solidement construits (la plûpart, ou, pour mieux dire, toutes les maisons de Paris n'étant faites que *de boue, et de crachat,* je veux dire *en plâtre,* et par cette raison, ne passant que très-rarement à la seconde génération,) à quoi l'on pourroit ajoûter que celles de Londres étant plus serrées, et d'autant plus multipliées, qu'elles prennent moins d'espace, toutes d'ailleurs, comme dit est, annonçant un air de propreté et d'aisance, un ordre, une cimétrie qu'on ne voit ni à Paris, ni nulle part ailleurs, elles offrent, par tout, un coup-d'œil constamment beau, constamment noble, un coup-d'œil des plus imposans, surtout qu'on y voit des rues, *par centaines,* et des *tirades* de maisons sans fin, toutes à *ports fermées,* et parmi lesquelles il ne se trouve pas ce qui s'appèle un *boutiquier*, un *ouvrier* de quelque espèce que ce soit, tandis qu'à Paris, Maréchaux, Serruriers, Chaudronniers, Charrons, Menusiers, et le reste, se trouvant pêle-mêle, et indistinctement dans toutes les rues, et parmi les maisons dont elles sont bordées, font un bruit insupportable qui assomme les oreilles de leurs voisins, je conclus, et je soutiens que, si Paris l'emporte sur Londres, par la splendeur, et la multiplicité de ses Edifices publiques, et autres, ce qui n'est qu'un avantage partial, Londres l'emporte de beaucoup, d'ailleurs, sur Paris, par la raison toute simple que ses avantages étant plus généraux, plus universels, et plus multipliés, comme nous venons de le dire, ces mêmes avantages doivent avoir la préférence sur ceux qui le sont moins.

Il s'agit maintenant de voir en faveur de laquelle de ces deux Villes entièrement dépouillées de leurs différens accessoirs, de toutes les parties intégrantes qui concourent, le plus, ou le moins, à leur embellissement réciproque, on doit se déclarer.

L'Etranger, qui, d'un œil impartial, aura vu Londres et Paris, ne hésitera pas un moment, et bientôt, il nous dira, en raccourci, qu'il n'existe de comparaison entre ces deux fameuses Capitales, comme nous l'avons déjà observé (du moins pour ce qui concerne celle de France,) qu'en ce qu'elles sont l'uue et l'autre divisées en trois parties, ou quartiers, savoir Londres, en *Cité de Londres*, en *Cité de Westminster*, et en *Bourg de Southwark ;* et Paris en Ville, en Cité, et en Université, mais que du côté de la distribution, Londres l'emporte à cent piques ; c'est sur quoi l'on n'aura pas le doute le plus léger, quand on aura considéré qu'une fois qu'on a enfilé soit *Oxford-Road*, soit *Piccadilly, Parliament-Street*, le *Strand, Tottenham-Court-Road, New-Road, Paddington, Holborn*, &c. et sur tout, le beau quartier de *Westminster* au de là du Pont, on n'a qu'à suivre, qu'à aller devant soi, à plusieurs milles, pour arriver à l'une ou l'autre extrémité de ces rues, sans se donner même la peine de demander son chemin ; partant de toutes ces rues, la plûpart parallèles, et toutes d'une largeur prodigieuse, pour en venir aux transverses de droite et de gauche, nous les trouverons si bien distribuées, si régulièrement compassées qu'on pourroit, en petit, les comparer aux rayons d'une roue qui, du centre, aboutissent tous au point où ils doivent aboutir, et même les dernières, toutes d'une longueur et d'une largeur à aller de pair avec les rues les plus belles, et les plus ouvertes de Paris, dont les transverses, outre qu'elles ne sont, pour la plûpart, que des espèces de *boyaux*, sont tellement coupées et entre-coupées qu'on ne peut guères aller, deux à trois cents pas en avant, sans demander, à chaque instant, le lieu où l'on a à faire, où l'on doit se rendre.

Venant ensuite à des détails plus circonstanciés relativement à ces mêmes rues lesquelles, quoique, d'elles-mêmes infiniment plus étroites qu'à Londres, et le paroissent encore beaucoup d'avantage, à cause de la hauteur excessive de leurs bâtimens, il est aisé de s'imaginer combien plus boueuse, et combien plus malsaine, que Londres est cette Capitale, ses dites rues, même dans les plus grandes chaleurs de l'Eté, étant constamment humides, constamment mal propres, et en outre des plus mal entretenues, mais le pavé, surtout, en étant des plus rudes, et des plus détestables, en ce que sa construction ne consiste qu'en de mauvaises petites pierres plutôt pointues que plattes, ce qui le rend si rabotteux, si glissant, si mal faisant aux gens de pied, en un mot, si nuisible à la chaussure des hommes, et des chevaux mêmes, que les premiers, tous les mois, et quelque fois plutôt, sont obligés de recourir aux *enfans*, ou tout au moins aux *avortons* de *Sainte-Crépin*, c'est-à-dire, à Messieurs les *Savetiers* ou *Réparateurs*, qui là, comme ici, sont nichés dans des petites boëtes, où l'on pourroit à peine, commodément fouetter un chat, au lieu qu'à Londres, outre que les rues tout autant qu'il y en a, sont généralement bien ouvertes et des mieux percées, conséquemment bien aërées, elles sont nettoyées avec l'exactitude la plus rigoureuse, et toujours, autant que le tems le permet, bien séchées, et exemptes de toute espèce de décombres et d'ordures, et par toutes ces raisons, pas, à beaucoup près, aussi malsaines que celles de Paris, ces mêmes rues étant, en sus, si bien tenues, si unies, et si bien pavées, leurs décharges, et leurs écoulements si bien ménagés, de droit et de gauche, que des objets aussi précieux ne peuvent assurément pas échapper à l'attention, à l'admiration même de

tout Etranger quelconque, tandis qu'à Paris, après quel-
qu.. pluie d'orage, la plûpart des rues sont tellement
inondées qu'à chaque instant, on est obligé de s'arrêter
plus ou moins long-tems, souvent même obligé de se
détourner, ou bien de se résoudre à passer sur des *ponts
tremblans*, construits, à la hâte, avec quelques mauvaises
planches par *des Savoyards*, ou autres, et au milieu desquels, le plus, fréquemment, l'on finit par faire *la cul-
butte*, aux grands applaudissemens des spectateurs moins
confidens, et moins hardis ; différence, sans contredit, des
plus sensibles, et aussi sensibles que celle de voir les rues
de Paris sans trottoirs, et celles de Londres bordées
(comme nous l'avons dit, ci-devant, et ne pouvons trop
le répéter) de trottoirs de toute beauté, en superbes pierres
de taille, trottoirs qui, dans les grand'rues ont, de chaque
côté jusqu'à dix à douze, et même jusqu'à quatorze à
quinze pieds de largeur, pour les avoir mesurés moi-
même, surtout dans *Piccadilly, Saint-James's Street, Oxford-Road, Portland-Place*, et certains de nos *Squares*
(la plûpart des rues de Paris n'en ont pas autant,) dans
les moyennes, pas moins de cinq à six, et enfin dans les
plus petites, en proportion, mais trottoirs toujours assez
larges pour y passer deux personnes de front, à la verité,
en se coudoyant par ci, par là, tant soit peu, si l'une ou
l'autre, ne prend le parti, soit de se tourner un peu de
côté, soit de mettre un pied dans la rue, ou bien d'en
descendre obligeamment ; trottoirs qu'un malheureux es-
tropié, un malheureux mutilé (l'un et l'autre Enfans de
Mars, ou de Neptune,) ou bien tout autre, allant sur une,
ou deux jambes de bois, sur une ou deux tristes béquilles,
ce qui n'est que trop commun en Angleterre, en un mot
un vieillard inactif, un pauvre aveugle, avec son guide
fidèle à la lisière, sont trop heureux de rencontrer, et de
saisir, comme un refuge assuré, pour se guarantir des
chevaux et voitures, et par là, se soustraire à mille acci-
dents journailliers, tels qu'il en arrive, du matin au soir,
dans Paris, où, les ponts exceptés, il n'est non plus question d'un objet aussi essentiel, d'un objet aussi précieux
à l'humanité, qu'il n'est question de voir, au fort de
l'hyver, les hirondelles se jouer sur la surface de la Seine,
ou bien la lune se montrer, et nous éclairer, en plain
midi, trottoirs enfin qui, dans les mauvais tems, dans les

dégèles, et les fontes de neiges, sont de la plus grande commodité pour tous et un chacun, étant par là préservés de tomber, jusqu'à mi-jambe, dans des cloaques cachés, comme on fait à Paris, cloaques qui ne sont malheureusement que trop communs dans toutes ses rues, même les moins-mal pavées.

Un autre objet d'une espèce tout-à-fait différente qui saute aux yeux, et contribue extraordinairement à la beauté des rues de Londres, à leur donner un nouvel avantage, une pré-éminence des plus marquées sur celles de Paris, c'est l'annihilation universelle des *Enseignes*, par l'*Autodafé* général qui en a été fait, à une certaine époque, *Autodafé*, à la suite duquel, ces mêmes rues ont reçu un tel surcroît d'embellissement, un coup-d'œil si supérieur à celui de cette dernière Ville, qu'il ne faut qu'à voir entrevu l'une et l'autre, pour en faire la distinction; Paris n'offrant, partout, à la vûe, dans les plus belles, comme dans les plus vilaines petites rues, que *de grandes diablesses d'Enseignes*, à perte de vûe, et multipliées à l'infini, qui suspendues à de longues barres, au moins à deux, ou trois pieds de distance des murs des maisons *des Boutiquiers*, *des Traiteurs*, *des Aubergistes*, et autres, et mal assujetties d'ailleurs, font, quand les vents dominent, *un bruit*, *un cliquetis épouvantable*, Enseignes qui constamment accompagnées d'inscriptions analogues, ou plus ou moins sottes, ou plus ou moins spirituelles, mais toujours en caractères d'un demi pied de longueur, dont les-dits murs, du haut en bas, sont placardés, outre qu'elles déparent infiniment les rues de Paris, sont, selon moi, plus propres à exciter la risée des personnes sensées qui y abordent, qu'à contribuer à leur donner la préférence: *ici, grand Fricot*, dit la Traiteur : *ici, l'on Rajeunit*, dit le Barbier :*bon vin, bonne bièrre de Mars, bon cidre de Normandie*, dit le Cabaretier, tandis que ni son vin, ni sa bièrre de Mars, ni son cîdre de Normandie, au plus souvent, ne valent pas *le peste*, ou pas, communément parlant, *les quatre fers d'un chien*; enfin, *aujourd'hui pour de l'argent, demain, pour rien*, disent maint autres, de manière *qu'aujourd'hui* et son *lendemain* revenant tous les jours, il s'ensuit qu'il faut payer tous les jours.

Néaumoins un premier vrai, et une justice qu'on doit aux Parisiens, c'est leur honnêteté, leur politesse envers les

Etrangers, va jusqu'aux *plus petits soins ;* pour votre petite pièce de six sous (s'entend *le Barbier)* il vous dé-cochera des révérences, à perte de vûe, tout en vous con-duisant jusqu'au troisième escalier de la maison, le *Trai-teur,* et le *Marchand,* de toute espèce, en feront à un Anglois, pour sa demi-guinée, et même sa pièce de sept shillings, ou en plus grande, ou en plus petite quantité, en proportion du plus ou du moins qu'il boit, qu'il mange, ou qu'il achète ; ce que JOHN BULL, en général, ne connoît guères, non plus que leurs petites manières, ni les complimens cérémonieux dont ils les assaisonnent ; JOHN BULL, qui n'a l'échine ni aussi souple, ni aussi déliée, se borne à deux ou trois mots qu'il accompagne bien rarement *d'un coup de chapeau,* ou *d'une révérence,* dans l'appréhension, sans doute, de se donner *un tour de rein,* ou autrement dit, un *lombago,* une fois qu'il a votre argent, *adieu, panniers, vendages sont faites.......* et, au fond, que signifient toutes ces révérences tirées *à propos de bottes,* pour pareilles bêtti-ses, lui qui est accoutumé de voir circuler, chez lui, l'or et la richesse, et qui n'en fait pas plus pour une traite de plusieurs cens, de plusieurs mille livres sterlings, qu'il n'en fait, pour la demi-guinée, ou la pièce de sept shillings ci-dessus mentionnée. Quoiqu'il en soit, tel est Londres, tel est Paris, et telle est, sur l'un et l'autre, la manière de voir, et de penser de l'Auteur qui croit qu'une disser-tation plus ample sur la Question, outre qu'elle le mene-roit trop loin, deviendroit tout à-fait superflue, et peut-être même ennuyeuse, il ne peut donc que répéter ce qu'il a déjà dit, dans son Distique latin, en tête de l'Ouvrage.

Inter et omnigenas Urbs Londina pulchrior extat,
   Æmula sitque licet Parisiana, minùs.

Oui, Londres, en beauté, est la Reine des Villes, tout autant qu'il en existe,

Et Paris, quoique sa rivale, doit lui céder la palme.

DISSERTATION III.

Laquelle de ces deux Villes, de Londres ou de Paris, offre le plus de ressources, et réunit le plus d'avantages ?

CE qui fait principalement la bonté d'un Pays, d'une Contrée, ou d'une Province en général, et d'une Capitale, ou autre ville en particulier, ce qui en constitue les avantages et le bonheur, ce sont, sans doute, la grande abondance des objets de première nécessité ; d'abord parceque, par cette abondance, ces objets deviennent moins chers, et ensuite parceque leurs habitans ont la satisfaction de choisir.

Ces objets, en premier lieu, sont, comme on sait, ceux qui servent à nous nourrir, conséquemment le pain, le vin, les viandes, le poisson, le fromage, le beurre, et l'huile, en un mot, les légumes ou vegetaux de toute espèce, et l'eau surtout, s'entend la bonne eau, car quoiqu'il y ait de l'eau, partout, la bonne eau, n'est pas, partout, bien commune, comme nous le dirons dans la suite ; en second lieu, ceux qui servent à nous couvrir, comme les toiles, les draps, les étoffes, la soie, la laine, et le cuir : et enfin, en troisième lieu, ceux qui servent à nous défendre contre le froid, tels les matières combustibles, comme la houille, autrement dite le charbon de terre, le bois, la truffe, ou le gazon séché, dont on fait communément usage en Westphalie, et dans les pays entourrés de vastes bruyères, où *la raspe* et *la futée* sont rares.

Quant au premier objet, c'est-à-dire, le pain, il est excellent à Paris, et il ne s'en mange nulle part ailleurs de plus excellent : les vins y sont délicieux, s'entend ceux que *le Bourguignon, le Champennois, le Languedocien,* &c. y charient ; les viandes, si l'on parle des viandes de première qualité, on ne peut en disconvenir, elles sont du meilleur acabit, mais pour celles des petites boucheries, elles ont la plus triste apparence. *N. B.* Que ceci ne tombe que sur le bœuf et le cochon, car le mouton à Paris, et généralement en France, quoiqu'assez gras, est tillase et mauvais, pour ne pas dire détestable, n'ayant, pour ainsi dire, ni goût, ni saveur, rien qui chatouille le palais, l'on en peut dire autant, et plus du veau, qui, huit à dix jours après qu'il est sorti du ventre de sa mère, passe incessamment à la boucherie.

Ce n'est pas cependant qu'il ne se mange à Paris du très-bon veau, mais ce veau n'est pas pour *le bec* de la généralité, le peu qui s'y en mange est réservé pour la bouche des Seigneurs de la première volée ; ce n'est pas non plus qu'il ne s'y mange du mouton tendre, et supérieur au mouton de tous les autres pays du monde, mais ce mouton, qui ne s'y trouve qu'en très-petite quantité, et qui, jadis, ne se servoit qu'à la table du Roi * et des Princes, et par ci, par là, à celle des Ducs et des Pairs, ce mouton, vû sa rareté, ne marquoit presque point, n'arrivant à Paris qu'à petites journées, à grands frais, et en très-petit nombre, du fond des Ardennes, et du Condroz, où le bétail a une saveur, et une délicatesse au de-là de toute expression, mais si petit, si petit qu'un Anglois, d'un appetit ordinaire, pourroit, sans craindre une indigestion, en manger, aisément, un *gigot* tout entier à son repas, surtout après avoir incorporé une demi-douzaine de gobelets d'eau de Spa, où ce mouton est assez commun ; et je doute fort que les habitans de ces Contrées, qui, naturellement, doivent avoir *une dent de lait bien prononcée* contre leur spoliateur, continuent à y conduire leur dit bétail, comme ils faisoient auparavant.

---

* Le Prélat de Saint-Hubert, Monastère des plus fameux aux Pays des Ardennes, étoit dans l'habitude constante d'envoyer, chaque année, à Versailles, comme un hommage, ou plutôt un tribut qu'il devoit à cette Cour, un certain nombre de moutons de ces Pays, et autant de *chiens courans*, qu'il en étoit dû. Les Ardennes, ainsi que le Condroz, dont il est parlé ci-dessus, sont cette grande portion de terrein qui s'étend de la rive droite de la Meuse jusqu'aux confins de la France, du côté de Carignan, et comprend le Duché de Luxembourg. Pays des plus pauvres et des plus arides, mais où les viandes, en général, le gros et le petit gibier, le poisson, surtout les truittes, et les écrevisses, enfin le beurre qui, sans être bien gras, laisse à la bouche un goût de noisette, ou d'amande, sont à leur plus haut dégré de perfection, en abondance, et à très-bas prix, le bois de même ; en sorte qu'avec cent guinées de rente, on pourroit s'y donner un tout petit *Castèle, a Welch Tit, a Gig, and an Errand-Boy* ; et, pour ce qui est *de la vie animale*, y vivre aussi bien qu'en Angleterre, avec vingt-cinq mille livres de France.

E

Pour ce qui concerne le poisson, et généralement les légumes ou végétaux de toute espèce qui se transportent sur les différens marchés de Paris, l'on ne peut que *hausser les épaules !* Quant au premier, à l'exception de leurs *Maqueraux*, leurs Merlands-frais, leurs Aloes, dans la saison, s'entend, quand ils ne sont qu'un saut de la rivière à la cuisine, leurs friandes matelottes *du Gros Caillou et de la Rapée* * outre qu'il y est des plus rares, il est mauvais, et très-mauvais, aussi un Parisien qui, pour la première fois, verroit *Billingsgate*, ou qui même ne feroit que voir les poissons énormes étalés chez ROBINSON, *Coventry-Street*, dans *Piccadilly*, *Bond-Street*, et le reste, il feroit des yeux larges comme *des portes cochères.*

Il en est de même de toutes les productions qui tiennent de la nature des racines, qui y viennent mal, et sont presque toutes fourchues, et très-minces, en comparaison de celles qu'on voit à Londres, conséquemment carottes, panais, betraves, &c. &c. néanmoins les scorsonnères et salsifies, ainsi que le céleri, les harricots, et les pois verds, se laissent manger ; mais à peine les pommes de terre, qui sont toutes à peu près de la même espèce, tandis qu'en Angleterre il y en a de cinq à six espèces, et toutes meilleures les unes que les autres, à peine, dis-je, sont-elles passables ; il en est de même de leurs choux-blancs et de leurs choux-fleurs, dont les plus beaux n'approchent pas de ceux qu'on voit le plus communément à Londres. Quant aux

---

* Le *Gros Caillou*, et *la Rapée* sont deux promenades favorites aux Parisiens, aussi renommées à Paris, et dans tous ses environs que *Ranelagh* l'est dans ce Pays-ci. Les habitans du *Gros Caillou*, et de la *Rapée* ont un talent tout particulier pour assaisonner les *matelottes*, qui consistent en une étuvée de carpes, et d'anguilles, accommodées à leur manière, de sorte que quand il prend envie aux Parisiens, et autres de se régaler, ou bien de régaler leurs amis, en poisson, ils se rendent dans l'un ou l'autre de ces deux endroits.

Aussi ces gens là attachent-ils autant et plus de gloire et d'ambition à bien préparer leurs *matelottes* que le *Frippe-sausse* du Buonaparte en met à assaisonner dûment son plat de préférence, ou bien que Buonaparte en met, lui-même, à ajoûter une nouvelle perle à sa *couronne*........*d'épine !* à laquelle, pour les derniers Fleurons, il reserve l'*Espagne* et l'*Angleterre* : mais va-t-en voir s'ils viennent, Jean, va-t-en voir s'ils viennent ! ! !

choux-rouges (production des plus précieuses, et des plus utiles,) nous les laisserons de côté, vû que le peu qui s'en trouve à Paris, passe à la Pharmacie; et c'est si vrai que je ne me souviens pas d'en avoir jamais vu une douzaine, peut-être même, une demi-douzaine, dans aucun des ses différens marchés; il n'en est pas ainsi des melons, qui y sont si communs, dans la saison, qu'à chaque coin des rues les plus fréquentées, on en voit des tas prodigieux, aussi n'y a-t-il pas un *portefaix*, un *porteur d'eau*, un *garçon*, une *fille de boutique*, qui, un morceau de pain, dans sa droite, ne s'escrime, de sa gauche, avec une côte de melon, qu'on n'y paie que trois sous, six sous, et les plus beaux, que dix à douze sous, pièce.

Sur les navets, porraux, et oignons surtout, objets si généraux, et si essentiels dans une cuisine, c* peut passer l'éponge, mais en fait d'oignons, non, de m* vie, je n'en ai vu qui puissent être comparés aux oignons qu'on voit ici, soit pour la grosseur, soit pour la bonté.

Quant aux fruits de toute espèce, il est trop universellement reconnu que la France, et conséquemment Paris a le dessus, non seulement sur ces Pays-ci, mais sur presque tous les autres, pour entrer dans le moindre détail à ce sujet; il en est de même de ses huiles en général, mais surtout de celles qui se font en Provence, c'est pourquqi nous nous contenterons de dire, qu'on a lieu de les regretter dans toutes les Contrées sur lesquelles, Mr. Buonaparte se plaît à étendre sa haine et sa vengeance.

Mais pour le beurre à Paris, non, ce n'est pas trop avancer que de dire qu'il ressemble plutôt à de *l'oing*, ou bien à quelque autre mauvaise graisse qu'à du beurre, les Parisiens étant dans l'habitude de le fondre, de le saler, et de le déposer dans de grands pots de pierre, ou bien dans de petites cuvettes, faites à dessein; ce beurre étant destiné pour la cuisine, on peut juger du *Fricot!*

Aussi le déjeûner d'un Parisien étoit-il, de mon tems, le petit croûton tout sec, qu'il humectoit pourtant d'une jatte ou deux d'un caffé bien étoffé, mais aujourd'hui que le caffé doit être d'une rareté, excessive, dans cette Capitale, et qui va le devenir infiniment d'avantage, par la prise de *Batavia*, quel est son déjeûner, c'est ce que j'ignore, mais ce qu'il y a de bien certain, ce ne sont pas les friandes *roties* qu'on mange en Angleterre, les *roties* n'étant pas de mode en France, par les raisons ci-dessus specifiées.

Nous conviendrons, toute fois, qu'il y a d'assez bon beurre à Paris, tel celui qui s'y transporte, comme nous en avons déjà dit quelque chose auparavant, tant de la *Suisse*, que du *Pays de Liège*, et surtout du *Limbourg*, des environs de *Rocroy*, de *Charleville*, et de *Mézières*, en un mot, du Duché de *Luxembourg;* mais ces beurres, vû la distance, étant extrêmement chers, il est aisé de concevoir qu'il est très-rare d'en voir chez les gens du *Tiers État*, où s'il arrive qu'on y en voie quelque fois, c'est en très-petite quantité, et par pur accident.

On pourroit dire à peu près la même chose de l'eau, qui outre qu'elle n'est ni bien bonne, ni bien claire, est de *vertu purgative*, pendant plusieurs jours, pour les nouveaux venus, et finit par les resserrer après, d'une manière à devoir recourir à la Pharmacie, c'est-à-dire, à d'autres purgatifs, tant il est vrai de dire *qu'un clou chasse un autre clou, clavus clavum adigit*, et nonobstant ces deux effets contraires, Mrs. les Parisiens voudroient nous persuader que l'eau de la *Seine*, est *Saine!!!*

Pour les toiles, les draps, les étoffes, surtout celles de soie (car pour les étoffes de laine, en général, elles ne sont que médiocres,) et très-particulièrement les soies qui se fabriquent à *Lyons*, tous ces articles ont toujours joui, et probablement jouissent encore d'une réputation à l'abri de toute critique; nous passerons sous silence les superbes dentelles de *Valenciennes;* elles sont trop avidement recherchées par toutes les nations de l'Europe, pour ne pas nous dispenser d'en faire ici l'éloge, et ce que nous venons d'en dire, n'est que parcequ'elles ont certain rapport avec les toiles; mais qu'elle différence, pour la plûpart de ces objets, comme pour ceux dont nous allons parler, entre les manufactures de France, et celles d'Angleterre!!! dont les productions sont si universellement reconnues supérieures à toutes les autres, pour leur bonté, leur solidité, j'ose ajoûter, leur élégance; tels sont les objets qu'en terme de guerre, nous appellons *la petite monture,* comme culottes, et bas tricottés, ou faits au métier, souliers, et bottes de toute espèce, qui, sans doute, se travaillent à Londres aussi proprement, et si j'ose le dire plus proprement, qu'à Paris, mais qui pour l'usage n'ont rien de comparable, le cuir, en Angleterre, étant d'une qualité au dessus de tout éloge, au lieu qu'en France, conséquemment dans la Capitale, il est si mince, si peu compact, et si peu solide, que, comme dit est, une paire de souliers, ou de bottes peut à peine faire sa *quarantaine*, sans passer par les mains d'un *réparateur ;* aussi est-ce faire un grand cadeau à un Parisien que de lui donner, en présent, quelques paires de semelles, ou de jambes de bottes des cuirs tannés en Angleterre, et même au Pays de Liège.

Maintenant nous en viendrons au troisième et dernier objet de première nécessité. Il est généralement reconnu qu'à l'exception des salines, qui ne produisent qu'un sel plutôt gris que blanc, il est fort peu de minières en France, celles d'où l'on extrait le *charbon de terre*, ne se trouvent que dans les environs de *Valenciennes*, conséquemment à trop de distance de Paris, pour y être transporté ; il s'ensuit donc qui c'est sur le bois que Messieurs les Parisiens doivent constamment se rabattre, et la consommation en étant énorme, malgré la grande quantité qui en vient de toutes les parties du Royaume, soit par chariots, soit par batteaux, mais plus ordinairement avec la rive de la Seine qui les charie (ainsi qu'elle fait les glaçons en hyver,) à leur différente destination, le bois y est d'une cherté exorbitante, d'où l'on doit nécessairement conclure qu'on est très-mal chauffé à Paris, où les hyvers, quoiqu'on en dise, sont, pour l'ordinaire, infiniment plus rigoureux qu'à Londres.

Aussi, si entrant dans une taverne, chez un Marchand de vin, où il ne se trouve que des gens du commun rassemblés autour d'un poêle, pour vous soustraire à une aussi mauvaise compagnie, et en éviter le caquet bruyant, et importun, il vous prend envie de demander une chambre séparée, il vous en coutera, d'emblée, six sous pour le premier *fagot* qu'on y fera brûler, et qui, par parenthèse, étant à peu près aussi menu, et guères plus volumineux que deux fois les balais dont on fait usage, pour netoyer les rues de Londres, est consommé, réduit en cendres, en bien peu de minutes ; que s'il vous arrive d'en ordonner un second, six autres sous à depocher, et finalement un troisième, une troisième fois vous faut-il *cracher au bassin*, mais ce qu'il y a de plus mortifiant en ceci, c'est qu'après autant de *fagots*, et autant de pièces de six sous, vous n'en êtes guères plus réchauffé.

En conséquence de la cherté de cet objet, *le pot au feu*, qui est le dîner quotidien des bons particuliers de Paris, vivant en famille, et, qui consistant en peu de livres de viande, est compensé par une surcharge prodigieuse de différens légumes, parmi lesquels les poreaux, les navets, les carottes ou les choux, tout à la fois, ont la préférence, il le font bouiller, et mitonner sur la braise, à l'aide de rechauds à trois pieds, qui ont ou plus, ou moins de circonférence, c'est-à-dire, ni plus ni moins que le triste *pot au feu* n'en a lui-même ; rechauds, qui, placés à côté du poële commun, aussi long-tems qu'ils sont *en sentinelles*, disparoissent (comme on s'imagine bien,) tout aussitôt que le dîner a disparu ; quand je dis, *vivant en famille*, c'est que la plûpart des autres, et même bon nombre de ces derniers, avec un, ou deux de leurs fils, se rabattent, plus communément, chez les traiteurs, dont, du haut en bas, les maisons, depuis une heure jusqu'à quatre, regorgent de manière à ne pouvoir presque pas avoir son tour, où néanmoins, grace aux fumées des viandes, et à la multitude, on est très-chaudement, et assez passablement régalé, pour un *shilling*, y compris la demi bouteille, dont, toute fois, l'on vous fait raison, si pour cause d'incommodité, ou bien d'économie, vous vous déterminez à ne pas boire de vin ce jour-là.

J'en reviens, pour un instant, aux manufactures, comme ayant trait aux ressources annoncées en tête de la présente Dissertation, et dirai (sans cependant vouloir porter la moindre atteinte aux talens, et à l'industrie des individus de cette Nation,) que tout *sorciers* que les François passent dans le méchanisme, et les manufactures de toute espèce, la réputation d'une quantité de ces dernières, aussi bien que l'invention de la plus fameuse pièce de méchanique qu'il y ait en France, doivent leur lustre aux Liégeois ; en corroboration de quoi l'on doit se rappeller, que du tems de LOUIS QUATORZE les manufactures d'armes-à-feu, et autres, y étoient sur le plus mauvais pied ; en conséquence, ce Monarque éclairé, connoissant combien les fabriquans de cette Ville s'étoient distingués, en tout tems, dans cette partie, crut, par l'appas des récompenses, et des encouragemens, devoir les attirer dans son Royaume ; ce fut donc à Maubeuge qu'ils firent leur premier début, et, en peu d'années, la manufacture d'armes à Maubeuge, passa non seulement pour la première de France, mais même pour la rivale de toutes les autres manufactures de l'Europe : il en fut de même avec les ouvriers de ce Pays travaillant les briques, et qui passent, à juste titre, pour les meilleurs, et les plus adroits qui existent, ainsi que les tisserands, ou fabriquans en toile.

Par cette pièce de méchanique mentionné, ci-dessus, l'on conçoit aisément, et du premier abord, que c'est *de la machine de Marly,* dont il est question, *machine* qui doit son origine, et son existence à Messieurs *Renkin,* frères, maîtres charpentiers, nés à Liege, et y résidant à cette époque, qui, à la suite de cette invention unique, furent comblés des bienfaits du Monarque, et honorés de son estime, ainsi que de titres de Noblesse pour eux, et leurs descendans.

Depuis ce tems-là, maintefois, et à différentes reprises, des récompenses et des gratifications de toute espèce ont été annoncées, et proposées, dans quantité de feuilles publiques, à toute personne quelleconque qui parviendroit à simplifier *la machine de Marly,* dont l'entretien est des plus dispendieux, ou bien à en inventer une autre qui, en produisant les mêmes effets, fut et moins à charge au Gouvernement, et moins sujette à des réparations journaillières. Milliers de Mémoires ont été envoyés à Paris, et la mémoire de ce fameux Artiste survit, et survivra, vraisemblablement, aussi long-tems que celle de son illustre Bienfaiteur. Et le savant *Grettry,* qui rivalisoit, du tems de LOUIS-SEIZE, et, s'il est encore en vie, continue à rivaliser *les Glücks* et *les Piccini* dans la composition des Opéras, n'est-il pas aussi de cette Nation, ainsi que les Messieurs *Grandjean,* frères, ci-devant Oculistes de cet infortuné Monarque ; enfin les *Lairesse,* Peintre des plus célèbres en païsages, et en chevaux, les *Nihouls,* jadis Musicien vocal de la Reine, et encore aujourd'hui les trois *Adriens,* si connus à Paris, par leurs voix et leurs talens supérieurs, ne sout-ils pas également originaires de Liège, et nés à Liège, de même que les *Sarolea,* l'un des Bijoûtiers de la Cour, et les *Sottiau,* Horloger, en petit, de Monseigneur le Dauphin dernièrement décédé ?

Ce que je viens de dire des individus de cette nation, peut se dire de quantité d'autres des différentes nations de l'Europe, chacun dans son genre, et prouve que les François ne sont pas exclusivement privilégiés, ni même aussi privilégiés du côté des connoissances, et des talens qu'on se l'imagine.

Maintenant passant des plus hautes ressources aux moyennes, et des moyennes, aux moindres qui existent, ne trouverons-nous pas que chaque Etat a les siennes, et qu'un Chirurgien, par exemple, un Horloger, un Imprimeur, un Carossier, un Charron, un Tailleur, &c. &c. jusqu'aux Maréchaux, qui manquent de ressource dans leur pays natal, ne sont pas plutôt rendus à Paris, qu'ils ne trouvent à se placer, et après une semaine d'épreuve, qu'ils ne reçoivent, chacun, d'après sa force, et sa capacité, un salaire proportionné ; oui, les ressources sont telles à Paris, qu'un jeune homme ne sachant même ni métier, ni profession quelleconque, s'il a de la conduite, y trouvera la vie, et sa subsistance, soit en *raclant du boyau*, c'est-à-dire, *du violon*, soit en copiant de la musique, ou en se mettant en service, les uns en décrottant sur le *Pont neuf*, les autres en faisant la sentinelle aux coins des rues, comme font les *Savoyards*, pour être au service du premier venu, autrement dit, pour porter *lettres*, *billets-doux*, *paquets*, *malles*, *valises*, ou bien enfin pour conduire quelque honnête étranger, au lieu de sa destination*.

---

* Les ressources que les Gens à grands talens trouvent à Paris, les trouveroient, et les trouvent également à Londres, et les derniers de même, mais ce n'est pas aussi généralement le cas, dans cett dernière Ville, trois causes principales sont autant d'obstacles pour les uns et les autres ; le premier de ces obstacles sont les mers à traverser, le second la différence des langues, et le troisième un ancien faux-préjugé, établi chez presque toutes les nations, à la suite des calomnies discontinuées de Messieurs les François, préjugé qui s'est encore beaucoup accru depuis le règne du Sieur Napoléon, qui n'a pas de tâche plus à cœur, que de disséminer, partout, dans ses feuilles incendiaires, ces mêmes calomnies, malheureusement que nos papiers, qui leur serviroient de *contrepoison*, ne sont reçus, nulle part, où il exerce sa puissance tyrannique.

Nonobstant ces préjugés, nous avons ici des François, des Allemands, des Suisses, des Flamands, des Hollandois, des Russes, des Espagnos, des Portugais, dans toutes les branches, qui y trouvent ces ressources, chacun conformément à son état, et à sa capacité, et qui tous savent rendre justice à la Nation Angloise en général. Eh ! laissant à côté les talens, quelles ressources

Avant de finir cette Dissertation, nous croyons devoir dire un mot des équipages, et des chevaux de Paris, des coches, des voitures de remise, et des fiacres, qui mis en comparaison avec ceux de Londres, et tous individuellement pris, doivent être généralement reconnu pour leur être de beaucoup inférieurs; les équipages, en premier lieu, si nous exceptons les trains, y sont certainement très-élégans: mais les trains, s'entend les roues, les brancards, les devans comme les derrières, ne correspondent, en aucune manière, aux caises, ces mêmes trains étant si lourds, et si massifs, qu'un Seigneur qui cherche à se distinguer, qui veut se donner un équipage leste et de goût, est obligé de recourir, pour cette partie, aux charrons de Bruxelles, où les trains de voitures, et les voitures elles-mêmes, se construisent avec la dernière élégance, et dans le plus haut dégré de perfection, ce qui, derechef, ne prouve pas en faveur des prétendus talens de Messieurs les Parisiens, ni de leurs compatriotes en général*: en second lieu, pour ce qui est des coches,

---

pas trouvé, à Londres, les malheureux Emigrés de toutes les classes, et *du cèdre, au buisson,* c'est-à-dire, depuis le ROI, jusqu'au dernier de ses sujets?

Il seroit plus que superflu de s'étendre davantage sur un fait aussi reconnu; le fiel de Buonaparte, à cette occasion, surtout, contre le Gouvernement, devant être aux yeux de ses esclaves, et de tout autre imbu des dits préjugés, une preuve plus que suffissante du désintéressement, et de l'humanité peu commune du dit Gouvernement, et de la Nation toute entière, envers ceux qui, en toute confiance, viennent se jetter dans leurs bras.

* Nous sommes bien éloignés de comprendre, dans ce nombre, tout ce qui a rapport à la Médecine, Chirurgie, Mathématiques, Astronomie, Peinture, Sculpture, Gravure, Architecture, &c. quoique bon nombre d'individus, donnant dans ces parties, appartient, comme dit-est, à toutes les nations du monde, n'importe, suffit qu'ils soient à Paris, et parmi les Parisiens, pour être réputés Parisiens; et quoiqu'il en soit, nous ne pouvons nier que pour un sujet ou deux, qui se distinguent ailleurs, dans l'une ou l'autre de ces Sciences relevées, on en trouve, au moins, dix à douze, dans Paris, et dans ses dépendances, en proportion. A bien plus forte raison dirons-nous la même chose des ECRIVAINS FRANCOIS, qu'on doit universellement reconnoître, non seulement pour les meilleurs, et les plus célèbres de l'Univers, chacun dans son genre, mais encore pour les plus

ils sont les plus exacts, et à peu-près aussi bien servis qu'en Angleterre, ainsi que les postes, et les voitures de remise, mais pour les fiacres, ils y sont détestables, et d'une crasse ! mais d'une crasse au de-là de tout ce qu'on peut en dire ! tellement *poudrés*, et *pomardés*, par devant, comme par derrière, qu'un Etranger qui ne sait pas ce qui en est, n'en sorte jamais, sans avoir le dos, à peu près, aussi graissé, et aussi blanc, que celui d'un Perruquier, qui,

---

nombreux, la France seule, en ayant produite en plus grande quantité que tous les autres pays du monde réunis : les noms immortels des *Voltaire*, des *Racine*, des *Corneille*, des *Crébillon*, des *Destouche*, des *Paschal*, des *Diderot*, des *d'Alemberg*, des *Molière*, de *Fénélon*, des deux *Rousseaux*, et autres, en sont une preuve des plus incontestables. Nous sommes très-fâchés, pour ne pas dire humiliés, de nous trouver dans le cas de parler d'une manière bien différente de Messieurs les Abbés François qui, avant leur sortie du Royaume, jouissoient, du côté des talens, de la plus grande réputation, mais qui l'ont totalement pe . . dans l'esprit du Clergé d'Allemagne, pour ne savoir s'expliquer ni en Allemand, ni en Latin, ces Messieurs, pour la plûpart, ou, pour mieux dire, les François en général, étant de toutes les Nations ceux qui ont le moins de disposition, le moins d'inclination, et de goût pour les langues étrangères, bâtissant sur un bien blamable, et bien mauvais principe, *qu'ils trouvent par tout, des François, et des gens parlant françois;* aussi ne leur arrivoit-il que trop souvent, en Allemagne, de n'être reçu que bien froidement par les Supérieurs des Monastères où ils abordoient, et surtout par Mrs les Curés, ou Pasteurs de ces Contrées.

A peine savoient-ils dire, dans l'une ou l'autre de ces deux langues, *du pain, du vin, de la bierre, un lit, demander leur route, &c.* à peine, également, bon nombre d'entre eux, savent-ils le dire *en anglois*, après dix, à douze ans, et plus, de résidence en Angleterre.

A l'appui de ceci vient très-à-propos le témoignage irréfragable des *Pères Jésuites*, dont la suppression a été l'avant-coureur de la suppression de tous les Ordres religieux, et qui, à mon avis, a eu beaucoup d'influence sur la Révolution Françoise; ils ne cessoient de répéter que *de tous les Collèges sous leur direction, ceux de LISLE et de LIEGE étoient les deux plus forts, et les deux meilleurs,* aussi y avoit-il dans celui de LISLE, moins de *François* que de *Flamands,* et de *Liégeois,* n'étant *François* que trois jours, la semaine, c'est-à-dire, *François naturalisé,* je puis, sans m'en faire un cas de conscience, *révéler les secrets de l'Eglise*

après avoir fri-é, et retappé une douzaine de *petits-maîtres*, s'en retourne à sa boutique.

Quant aux chevaux, ils n'y sont pas mauvais, ceux qui y viennent de la Normandie sont excellens, mais excepté *ces enfans de Bucéphale*, ses poulardes, sont cidre, et ses vins, dits *vins de Bordaux*, bien entendu, quand ils ont fait une, ou bien deux campagnes sur mer, ou qu'ils ont vieillis dans les celliers, le reste ne vaut pas *le peste*; aussi un Normand, quand vous lui demandez *de quel pays il est*, ne vous dira-t-il jamais qu'il est Normand, parce que, comme on sait, il est *des Normands*, qui ne sont pas nés dans cette Province, mais tout simplement, *qu'il est de la Normandie.*

Néanmoins, quelque bons que soient les chevaux de cette partie de la France, les meilleurs mêmes ne peuvent, sans doute, pas entrer en liste avec nos Coursiers anglois, qui, dans tous les tems, comme dans tous les lieux, ont éternellement passé, et passent, à juste titre, pour les plus beaux, les plus nerveux, et les plus estimés qui existent.

Maintenant que l'Auteur croit que tout détail ultérieur deviendroit inutile, récapitulation faite de tous les objèts ci-devant mentionnés, et spécifiés qui servent à nous nourrir*, à nous couvrir, et à nous prémunir contre les rigueurs du froid, en compensant les avantages, et les désavantages des uns, par les avantages, et les désavantages des autres, conformément à leur quantité, qualités, et propriétés intrinsèques, ou autrement, il finira par conclurre que Paris doit, derechef, donner ici peremptoirement, et irrévocablement gain de cause à Londres, et plus particulièrement encore du côté de cette autre portion de nous-mêmes, portion si chère à tous les

---

* L'Auteur croit qu'il ne sera pas déplacé de dire ici un mot des triomphans *ROAST-BEEF* et *PLUM-PUDDINGS* de ces Pays, auxquels il n'est pas d'Etranger qui ne se fasse un vrai plaisir de rendre justice, que disje? à qui, rien qu'en en parlant, de retour chez soi, *l'eau ne lui en vienne encore à la bouche*; ce n'est pas qu'on n'en mange de même à Paris, sous la dénomination de *Bœuf à la mode*, mais la différence entre celui-ci, et ceux-là, est à peu près, celle qu'on trouveroit entre *a Mock Turtle Soup, and a genuine Turtle one.*

cœurs, et, par tant de titres, si digne des hommages, et du respect de tout homme sensible, le BEAU SEXE, enfin, qui va faire, pour couronner l'Œuvre, le sujet intéressant de la Dissertation suivante.

DISSERTATION IV.

Laquelle de ces deux Villes, de Londres, ou de Paris, l'emporte du côté du SEXE ?

CETTE matière étant une des plus délicates qui existe, et qui devroit, par cette raison, être traité d'une certaine manière, si les préjugés, les égards, et la flatterie y avoient quelque part, mais notre but, et notre intention étant de nous conformer, en toute rigueur, et sans partialité, à ce que requièrent d'un Ecrivain sincère et loyal, la justice et la vérité, par ainsi, de rendre à *César* ce qui appartient à *César*, *Redde Cæsari quod est Cæsaris*, nous osons espérer que les *Belles Femmes Angloises*, aux graces, et à la beauté desquelles nous nous proposons de rendre un juste hommage, voudront bien, sans s'en prévaloir, le recevoir comme un tribut qui leur est dû, et les autres, qui également Belles, à tous égards, mais, selon nous, ne le sont pas autant, loin de s'offenser de notre franchise et sincérité, s'empresseront à réunir leur suffrage au nôtre, en faveur de Celles auxquelles (en *Pâris* du siècle moderne,) nous ne balancerons pas *de donner la pomme*.

Partant de ce principe, nous commencerons par dire qu'à Paris, comme à Londres, on trouve des très-Belles Femmes, des Femmes bien faites, bien découplées, et qui, bien décidément, affichent des graces, et des appas faits pour séduire ; qu'elles ont, surtout, le geste, les petites manières, et un je ne sais quoi, qui charme, et nous attache ; une facilité, un genre de s'exprimer qui n'est donné qu'aux Françoises, et surtout, une vivacité, une gaîté étonnante, en un mot, un esprit actif, folâtre, enjoué, et, si j'ose le dire, qui, par fois, semble tenir un peu de la folie ; mais si nous entrons dans toutes les parties qui rendent les Dames Angloises aimables, et leur font obtenir la préférence sur toutes les autres, nous trou-

verons que le geste, le caquet, et les petites folies à part,
les dernières jouissent de tous les avantages, gravité, sincérité, taille fine, démarche noble et assurée, tein superbe,
et d'une blancheur de lis, à laquelle la rose mêlant ses
couleurs, en font autant de divinités; attributs précieux,
dont la Nature, incontestablement, a particulièrement
favorisé, généralement privilégié LE BEAU SEXE en
Angleterre, ajoûtons à tant d'avantages celui d'un tem-
pérament robuste, et nerveux, rarement attaqué *de
migraines*, comme le sont communément nos Belles
Françoises, conséquemment en état de supporter la fa-
tigue, aimant à se promener de pied, fermes sur les
hanches, marchant d'un pas leste, et vigoureux, et toujours affichant une grace, un air de noblesse peu commune, tandis que les Femmes de condition, les roturières
mêmes, jusqu'aux plus petites bourgeoises de toutes les
Provinces de France, semblent plutôt se traîner que
marcher; néanmoins debout, sur leurs sophas, ou dans
leurs malheureuses chaises à porteurs*, on ne peut leur

---

* Eussent les Dames de la Cour, du tems de nos Rois, rangé
les chaises à porteurs parmi les objets de première nécessité, elles
n'auroient pas été plus communes, et c'est si vrai que je me
souviens d'en avoir, au moins, compté, rien que dans l'intérieur
du Château de Versailles jusqu'à trente à quarante, en attendant
le chaland, *in waiting*, aussi Mrs. les Ministres, les Seigneurs, et
Officiers fréquentant la Cour, de crainte que le vent ne dé-
rangeât leur frisure, ou n'en emportât un peu de poudre, se
faisoient-ils transporter d'une aîle du bâtiment à l'autre, ou
bien à l'endroit où ils avoient à faire, dans *ces mêmes chaises*, les
Dames, à bien plus forte raison, comme aussi la REINE, que j'avoue
néanmoins, avoir vue quantité de fois, passer, de pied, de ses appartemens, chez MONSIEUR, aujourd'hui LOUIS XVIII. ainsi que
chez Monseigneur Comte d'Artois, ce qui cependant étoit assez
rare; je ne sais pas trop si S. M. la REINE d'Angleterre en
fait usage, mais ce qu'il y a de bien certain, c'est que j'ai eu le
plaisir de la voir, plus d'une fois, se transporter, bien lestement,
de pied, du Château de Windsor à Frogmore, ce que je n'ai
jamais vu faire à la trop infortunée ANTOINETTE, quoique
son joli petit *Trianon* ne fût qu'à très-peu de distance du Château
de Versailles

Le seul jour, dans l'année (par parenthèse,) où le ROI, que
je n'ai jamais vu dans une *chaise à porteurs*, sortoit de pied, c'é-
toit celui de la FÊTE-DIEU, jour auquel ce religieux Monarque
assistoit à la procession qui défiloit dans les principales rues de

refuser ce port noble et majestueux qui relève infiniment
l'éclat de la beauté, mais une fois qu'il leur prend envie
de faire quelque pas en avant, leur allure, leur marche,
et leur maintien sont si guindés, et, pour mieux dire, si
insupportables, que la vûe s'en trouve, à peu près, of-
fensée, se dandinnant sur les hanches, c'est-à-dire, laissant aller, nonchalamment, de droite, et de gauche, leur
corps, à la merci de tous ses mouvemens, tout juste-
ment à la manière des oies, toujours les pieds en dedans :
la plûpart battant l'œil, toute la matinée, criant constamment aux vapeurs, et par ainsi ayant constamment *le
petit flacon* à la main, vapeurs auxquelles cependant une
fois qu'elles sont dissipées (s'entend après leur déjeûner,
ou bien après leur toilette,) sur les trois ou quatre heures
enfin, elles ne pensent plus ; c'est alors le tems de se
composer, de se donner, ou bien de prendre effective-
ment un air de gaîté que les Dames Angloises n'ont pas aussi
communément ; ce que certains Étrangers attribuent, ordinairement, à la hauteur, ou au caprice de ces dernières :
Eh ! bon Dieu ! hauteur, ou caprice supposé, quel est le
pays au monde où les Belles Femmes, les Femmes à pré-
tensions, du plus au moins, n'y sont pas sujettes ? Oui,
d'après mon opinion, moi, je prétends qu'un peu de
vanité, un *tantinet* de caprice, dans une Belle Femme,
loin de la déparer, loin de la dépriser, ne lui donnent que
plus de grace, et plus d'empire sur nos âmes, que dis-je ?
ne font qu'agacer plus vivement, et, si j'ose m'exprimer
ainsi, qu'agir plus despotiquement sur le cœur de ceux
qui leur adressent leurs vœux, et leurs soupirs. Eh ! du
côté du caprice les Dames Françoises en ont-elles moins ?
Ne savent-elles pas aussi bien, et même beaucoup mieux
que nos Angloises, qu'il faut, de tems à autre, varier la
scène, et qu'après avoir vu hautement, ou froidement, un
jour, *un amoureux transi,* elles doivent, le lendemain, le
recevoir avec bonté, et lui laisser entrevoir, si pas quelque chose qui approche du repentir, au moins une lueur

---

Versailles, toutes tendues des plus belles tapisseries des Gobelins
et autres ; celle qui avoit lieu à la Pentecôte, et à laquelle se
trouvoient tous les Seigneurs décorés du CORDON-BLEU, n'a-
voit lieu que dans la Galerie, et les Appartemens, par où elle se
rendoit à la CHAPELLE ROYALE.

d'espérance ? ce qui ne manque jamais d'effacer entièrement de son esprit la mauvaise réception de la veille.

Que si nous allons assez loin, pour ajoûter aux caprices
des Françoises leur légereté, et leur, inconstance, est-il
Nation dans l'univers qui en ait autant ? Et l'Auteur
latin qui dit : que le François n'est constant que dans son
inconstance, *gallus dumtaxat constans in suá inconstantiá*,
n'a-t-il pas bien raison ? or, si cette inconstance, si cette
légereté sont, dans eux, des péchés d'origine, à combien
plus forte raison, ne se trouvent-ils pas entés dans le caractère des Belles Françoises, qui outre les leurs propres, en
retiennent, en sus, une bonne doze de ceux de leurs pères et..
n.ères, ou de leurs ayeux ; ce qui n'est pas tout-à-fait
aussi commun en Angleterre, où j'ai, maintefois, remar-
qué, qu'une fois que les Femmes se sont attachées, elles
demeurent attachées, et ne voient plus que celui qui a sû
captiver leur cœur, et gagner leur confiance ; tandis qu'il
n'est pas rare de voir une Françoise en contenter trois, dans
une même soirée, en détachant à l'un, un clin d'œil qui
le rassure, en serrant la main à un autre qui se plaint de
sa froideur, et en touchant du pied, ou du genou *(par-
don, si je pousse un peu loin la chose,)* celui qu'elle pré-
fère.

Quoiqu'il en soit, prodigue ses assiduités, et son en-
cens qui voudra à ces Sirènnes privilégiées (car telles sont
les Dames Françoises tout autant qu'il en est, soit du côté
du verbe, soit du côté *des coups de théâtre*,) quant à moi,
semblable au grand Ulisse voguant alors à la merci des
mers, et auquel celles qui habitoient les côts de la Sicile
adressèrent inutilement leurs invitations les plus pres-
santes, par ces Vers grecs, de toute beauté, qu'on lit dans
Homère, et qui, se trouvent traduits, dans l'Art Poétique
d'Horace, comme s'ensuit :

> *O decus Argolicum ! quin puppim flectis Ulisses,*
> *Auribus ut nostros possis agnoscere cantus ?*
> *Nam nemo hæc unquam est transvectus cœrula cursu,*
> *Quin priùs adstiterit vocum dulcedine captus.*

O Toi, la gloire et l'ornement des Grecs, Ulisse, pourquoi
ne pas jetter l'encre dans ces lieux ? non, jamais, jamais
Mortel ne fendit ces ondes, qu'il ne s'y arrêtât, pour
entendre la douce harmonie de nos accords.

Quant à moi, dis-je, semblable au grand Ulisse, je ne ces-

serai defermer l'oreille à leur voix, à leur mélodie enchanteresse, pour les ouvrir tout entières aux accents divins, aux
charmes, et aux appas tout-puissans du BEAU SEXE
d'Angleterre, duquel, dans tous les tems, comme dans
tous les lieux je m'empresserai, quoi qu'on en dise, et
quoi qu'on en pense, d'exalter la Beauté ravissante, et
supérieure, et par ainsi, comme dit est, à l'imitation de
Paris, de lui donner *la pomme*, décision qui, bien assurément, ne nous sera pas aussi funeste que le fut, pour Troie,
le jugement qu'il porta en faveur de Venus; les Dames
Françoises étant bien éloignées de nourrir, au fond de
leur cœur, le fiel et l'animosité de la Déesse qui occasionna
la destruction de cette Ville. Néanmoins, pour mitiger
la chose, pour ne pas humilier autant nos Belles Françoises
et en même tems parer, en quelque sorte, aux objections
que pourroient nous faire, leurs chauds partisans, ou
zélés défenseurs (parmi lesquels, peut-être, se trouve-t-il
certains de nos généreux Bienfaiteurs,) nous dirons, et
c'est une chose dont on ne peut disconvenir qu'à Londres,
comme à Paris, et à Paris comme à Londres, soit que les
Femmes, y soient, ou bien un peu plus, ou bien un peu
moins Belles, une fois qu'Elles veulent faire jouer
leurs puissans ressorts, leurs ressorts irrésistibles, on a
beau chercher à s'en défendre, ce sont autant de Sirènnes
Victorieuses, bien plus à craindre que celles dont il est
parlé plus haut, des Sirènnes, en un mot, auxquelles, à
la fin, on devra succomber, on devra rendre les armes,
comme le dit très-bien l'Axiome suivant, trop analogue
au Sujet pour ne pas le citer ici :

Vinum et Mulieres faciunt apostatare Sapientes,
Le Vin et les *Femmes font apostasier* les plus Sages.

Le Vin fit d'Alexandre un Roi homicide.
Et une Femme vient de faire de Napoléon un époux
parjure, et un fornicateur des plus impardonnables!

FIN.

De l'Imprimerie de D. N. SHURY, Berwick-street, Soho.

9 782016 127858